公诉办案证据适用指南丛书

丛书主编：王 伟　　副主编：刘 惠

性侵害犯罪公诉办案证据适用指南

主　编：胡志强

副主编：庄晓晶　张春宇

中国检察出版社

目　　录

第一部分　性侵害犯罪案件证据审查概述

第二部分　性侵害犯罪公诉证据标准与审查认定

第三部分 公诉及其他诉讼环节相关问题的处理

第一部分

性侵害犯罪案件证据审查概述

第一章 性侵害犯罪概述

第一节 性侵害犯罪概况

一、性侵害犯罪的界定

所谓性侵害犯罪，可以通俗理解为侵犯被害人①的性的决定权或性的不可侵犯权利②的犯罪。该类案件从行为类型上看主要涉及强奸、猥亵两类，从罪名上看主要涉及刑法分则第四章规定的强奸罪（第236条）、强制猥亵妇女罪（第237条第1款）、猥亵儿童罪（第237条第3款）三个罪名。虽然拐卖妇女罪（第240条）、强迫卖淫罪（第358条）中也涉及奸淫、强奸情节，但是由于相关情节仅是作为拐卖妇女罪、强迫卖淫罪的加重情节，也并非典型的性侵害犯罪，因此，不作为本书的讨论范畴。

二、性侵害犯罪案件办理的新挑战

由于涉及共犯、既未遂、证明标准、证据采信等几乎所有的刑法、证据法的核心理论与疑难问题，性侵害犯罪历来都是大学法学院进行案例教学的热门；由于案件本身的隐私性、疑难性，以及由此导致或伴随出现的证据贫乏与采信难题，性侵害案件一直以来也是整个刑事司法实务工作中的难点。但性犯

---

① 根据目前我国的刑法规范以及学理通说，除猥亵儿童罪的被害人可以包括男性儿童以外，其他性侵害犯罪的被害人仅指女性，而不能是男性。但是根据审议中的《刑法修正案（九）草案》，强制猥亵妇女罪中的被害人范围很可能由"妇女"扩大为"他人"，从而将男性纳入强制猥亵罪的犯罪对象。

② 对性侵害犯罪侵犯的法益有多种提法，但基本可以归纳为"性的决定权"与"性的不可侵犯权利"两类。"性的决定权"乃是张明楷教授的主张，参见其所著《刑法学》（第4版），法律出版社2011年版，第757页；"性的不可侵犯权利"乃是陈兴良教授和周光权教授的主张，参见其二人合著《刑法学的现代展开》，中国人民大学出版社2006年版，第542页。

罪的这种疑难性、复杂性，随着信息网络技术的飞速发展、社会生活习惯的改变、性观念的多样化却变得更为突出。

进入 21 世纪以来，互联网以及手机自媒体的发展，对整个社会乃至普通民众的生活方式、世界观都产生了深远影响：以 QQ 为代表的网络聊天、交友软件方兴未艾，以微博、微信、"陌陌"为代表的手机自媒体工具又粉墨登场，而自媒体中设置的"摇一摇"、"漂流瓶"等猎奇、偶遇、搜寻性质的特殊交友功能，打破了传统交友方式的时空界限，大大增加了人与人之间的冲突概率。与这种网络自媒体的日益发达相伴的，则是鼓吹"性自由"的性爱观的大行其道。类似"艳照门"这样的真假难辨却又极具挑逗性、发泄性的话题，借助网络媒体大行其道，很大程度上影响了以青年人为代表的网民的性观念，更为一些不法分子提供了蒙骗、奸淫女性的掩护与机会。在此背景下，传统的以单纯的暴力、胁迫手段实施奸淫的典型强奸案件比例下降，而夹杂着一定暧昧成分的熟人间强奸与夹杂着网络猎奇心理的网友间强奸案件的比例却大幅上升①，由此带来犯罪嫌疑人与被害人之间关系的复杂化、多样化，以及暴力、胁迫等手段的非典型性与隐蔽性，使相应犯罪事实的认定、证据的采信更为困难。相应地，以往侧重被害人有无伤痕、有无呼救、双方认识时间长短等传统的证据收集方式与事实认定思维面临越来越多的困惑与挑战，有罪推定的思维与内心笃信更是不得不被彻底摒弃。因此，对性侵害案件的司法办理经验进行及时的系统性整理与总结，便成为一件极具意义并带有紧迫性的事情。

近年来，海淀区人民检察院公诉部门年均办理的性犯罪案件均在 100 件以上，对性犯罪案件办理过程中遇到的问题有着较为深刻的认识。这其中既有顺利公诉、妥善不起诉的成功经验，也有不得不撤回起诉的经验教训。本书正是依托海淀区人民检察院丰富的案例库资源，通过对 2011 年至 2013 年性侵害犯罪案件，尤其是经过检委会、审委会讨论的案件的梳理与分析，针对性侵害犯罪变化对公诉工作提出的新问题、新挑战，就此类案件的侦查以及审查起诉的实务工作提出改进建议和制度设计，以为此类案件的后续办理工作提供可资借鉴的经验，为切实提高公诉案件质量与办理效果贡献一份力量。

---

① 根据海淀区人民检察院侦查监督部门的内部统计，2014 年第一季度，海淀区人民检察院侦查监督部门共受理提请批准逮捕的性侵类犯罪案件 27 件 27 人，其中熟人作案 21 件，占 78%。涉及网聊、交友平台类性侵案件 8 件，占 30%。

第二节　性侵害犯罪案件的现状、特点与成因

2011 年至 2013 年间，海淀区人民检察院共办理性侵害案件 395 件 431 人，其中强奸案 323 件 351 人，占比 81.8%；强制猥亵妇女案 65 件 72 人，占比 16.5%；猥亵儿童案 28 件 28 人，占比 7.1%。历年具体受理情况如下图：

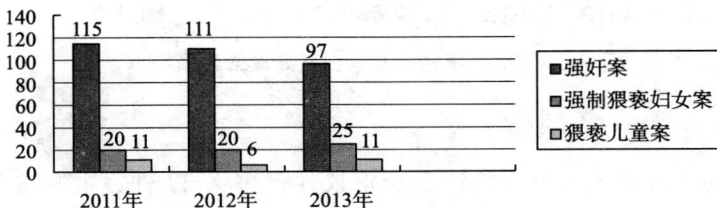

图 1：2011—2013 年性侵害案件受理情况

但是，最能反映性侵害案件办理过程中所遇到或凸显的问题的，并非证据充分、事实认定和法律适用无争议的多数案件，而是少部分证据不充分或存在重大瑕疵、事实认定困难、法律适用争议较大的疑难复杂案件，这其中又以上会案件，即经过检委会、审委会讨论的典型疑难复杂案件为代表。因此，本节以 2011—2013 年的上会案件为蓝本展开针对性的重点分析。

一、2011 年至 2013 年性侵害犯罪上会案件概况

（一）经检委会研究的案件情况

三年间，经检委会研究的性侵害案件共 21 件，占比 5.3%，均为强奸案件。其中，5 件提起公诉，占比 23.8%；10 件作存疑不起诉处理，占比 47.6%；1 件作相对不起诉处理，占比 4.76%；1 件作附条件不起诉处理，占比 4.76%；1 件建议移送机关撤回，占比 4.76%；1 件因量刑畸轻抗诉，占比 4.76%。①

---

① 因相对不起诉、附条件不起诉及抗诉案件不涉及相关案件的定性和证据采信问题，对本书不具有参考价值，故不在讨论之列。

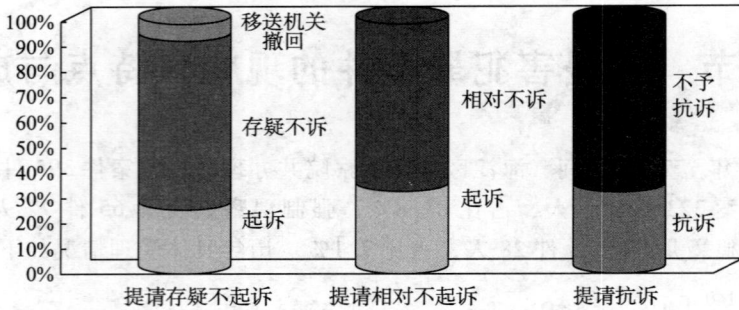

图 2：提请上会原因及处理结果

（二）经审委会审议的案件情况

三年间，海淀区人民法院审委会审议性侵害案 27 件，占我院起诉性侵害案件总数的 7%。其中因犯罪预备、中止、未遂等情节量刑有大幅减轻的案件 22 件，占审议案件总数的 81.5%，该部分案件不在本部分讨论范围之列。其余 5 件为在定罪、定性上存在争议案件，占起诉案件总数的 1.3%。其中，法院拟作无罪判决的案件有 4 件，占审议案件总数的 14.8%（其中作出有罪判决案件 3 件，撤回起诉案件 1 件，均为强奸案件）。拟改变定性且最终改变定性案件 1 件，占审议案件总数的 3.7%，系由强制猥亵妇女罪改为强奸罪。

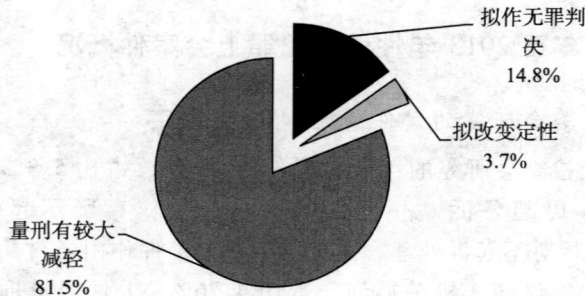

图 3：经审委会审议案件情况

综上，纳入本节研究对象的案件为 14 件向检委会提请作存疑不起诉处理案件及 3 件经审委会研究拟作无罪判决案件。

二、性侵害犯罪上会案件主要特点及成因

（一）强奸案件居多

2011 年至 2013 年性侵害上会案件中，强奸案 16 件，占比 94.1%；强制猥亵妇女案 1 件，占比 5.9%；无猥亵儿童案。呈现这一特点的原因在于：

首先，强奸案件发案率远高于其他两类案件，上会比例与收案比例基本相当。2011 年至 2013 年，我院所受理强奸案件占性侵害案件总数的 81.8%，上会数占性侵害上会案件总数的 94.1%；所受理强制猥亵妇女案件占比 16.5%，上会数占比 5.9%；所受理猥亵儿童案件占比 7.1%，无上会案件。

其次，强奸案件在证据方面的要求相对于猥亵案件更高。强奸案件相较于强制猥亵妇女案件，需要运用证据证明的事项更多。如强奸既遂不仅需要证明犯罪嫌疑人已经实施强奸行为，还需证明性行为本身违背妇女意志等。而强奸未遂则需要证实犯罪嫌疑人是否具有发生性关系的主观故意，以区分于猥亵犯罪。相形之下，强制猥亵案件证明内容相对较少，一般证实猥亵妇女的行为确实存在即可。

最后，猥亵儿童案件相较于其他两类案件具有其特殊性。一方面，此类案件的被害人均为儿童，该类主体受案外客观因素影响的可能性较小，因此在出现犯罪嫌疑人供述与被害人陈述"一对一"证据的情况下，多倾向于采信被害人陈述。另一方面，为加强对未成年人的保护，我国司法实践中，对性侵儿童类案件采用相对较低的证据标准。①

（二）犯罪场所比较集中

选取的 17 件目标案件中，其中 7 件发生在宾馆或洗浴城房间内，占比 41.2%；5 件发生在犯罪嫌疑人居住地，占比 29.4%；3 件发生在犯罪嫌疑人的机动车内，占比 17.6%；其余 2 件案件中，1 件案发地点为被害人居住地，1 件案发地点不详②。

---

① 如两高、两部于 2013 年 10 月联合出台的《关于依法惩治性侵害未成年人犯罪的意见》中，将该类案件的证据标准进一步放低。

② 郑某某强奸一案中，因本案被害人已死亡，犯罪嫌疑人对于犯罪事实拒不供认，因此案发地点、时间等情况均无法查实，此亦为本案提请存疑不起诉的原因之一。

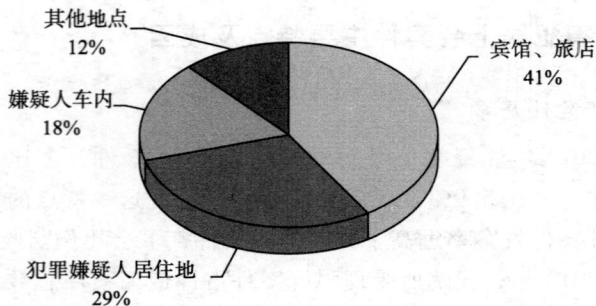

图 4：案发地对比

犯罪发生地一定程度上反映了性侵害案件当事人之间的关系及案发时被害人的心理状态，因此成为考量被害人与犯罪嫌疑人发生性关系时主观意愿的重要因素，常常也会成为案件存疑的因素之一。如案件发生在宾馆房间或犯罪嫌疑人家中时，因被害人主动将自身置于该场所中，此时就需结合案发时间、二人关系等证据排除被害人系自愿与犯罪嫌疑人发生关系的合理怀疑。如崔某强奸案中，犯罪嫌疑人崔某与被害人王某某系前男女朋友关系。案发当日，被害人王某某在宾馆开好房间后，将地址告知崔某，崔某遂于凌晨时分前往该宾馆，后被害人称犯罪嫌疑人崔某在该宾馆房间内将其掐晕后将其强奸。案发后崔某拒不认罪，否认双方发生过性关系。该案中，由于被害人是在自己住的宾馆房间内与崔某见面，是否存在王某某给犯罪嫌疑人崔某设圈套的可能就成为了辩护一方的主要辩点之一。最终该案被撤回起诉并作存疑不起诉处理。

犯罪场所的犯罪集中性，集中反映的是案发地本身的某种暧昧色彩，容易推导出对犯罪嫌疑人本人有利的结论，恰恰诠释了相关上会案件的疑难性、复杂性。而与这种场所集中性相伴的，则是犯罪嫌疑人与被害人之间的复杂关系，主要是前文分析的熟人强奸和网友见面强奸。

（三）案发时间多为夜间或凌晨

本节所有目标案件中，案发时间为夜间或凌晨的为 10 件，占比 55.6%；案发时间为白天的为 6 件，占比 33.3%；最后 1 件系在一定时间段内针对同一被害人多次侵犯。

犯罪发生时间是刑事案件基本要素之一。首先，承办人通过对案发时间段内案发地点环境情况的了解和分析，再结合案件当事人对案发时情况的描述，能够基本完成对案发现场的情境创设，从而进一步分析当事人言词证据的合理性。如王某某强奸案中，被害人在凌晨为犯罪嫌疑人提供按摩服务，后称被强奸,在取证过程中,王某某与被害人均对案发时现场的情况进行了描述,被害人称曾反抗并呼救,但因案发时间为凌晨,周围环境相对安静,综合当时环境情况及证人证言的情况,无法证实被害人陈述的真实性,最终因被害人的陈述系主要直接证据,但因其与其他证言相矛盾且本身缺乏合理性,故作出了存疑不起诉处理。其次,案发时间与案发地点相结合,在一定程度上反映出被害人的主观心态。如前述发生于夜间或凌晨的 10 起案件中,5 件发生于宾馆房间,4 件发生于犯罪嫌疑人房间,1 件发生于犯罪嫌疑人车内。而按照一般人的认识,被害人在夜间自愿将自己与犯罪嫌疑人单独置于较为私密的空间,反映出两人之间可能存在特殊关系或被害人对即将发生的情况并不排斥。如王某强奸案中,被害人与王某在案发当晚结识,后与王某共同前往王某所住酒店房间内继续饮酒,后被害人称于凌晨时分,在其睡觉期间被王某强奸。本案中,被害人选择在凌晨时分与犯罪嫌疑人共同前往犯罪嫌疑人所住酒店并熟睡,无法排除其主观上系自愿的合理怀疑,因此本案最终作出存疑不起诉处理。

(四) 近半案件报警时间迟滞

一般的刑事案件中,案发后立即报警、立即委托他人代为报警或者案发次日报警等都属于及时报案,而案发后数日、数月甚至数年后才报警或者在陈述中提及案发事实,则属于不及时报案。选取的 17 件目标案件中,被害人案发后未及时报警的有 7 件,占比 41.2%。具体情况如下:

案件名称	间隔时间	期间双方是否有联系
焦某某强奸案	2 天	无
徐某强奸案	6 天	有
孙某某强奸案	7 天	有
徐某某强制猥亵妇女案	8 天	有
余某某强奸案	1. 5 个月	有
邵某某强奸案	4 个月	有
刘某某强奸案	2 年	

性侵害上会案件中大量案件未及时报案主要有以下原因:

首先,报警时间一定程度上反映出被害人心理状态。一般的强奸案件,被害人多倾向于在案发后第一时间报案;如非第一时间报案,则被害人给出的解释多集中于顾及名誉、受到胁迫等。但对于后者,承办人在审查过程中,就需结合被害人在案发后的一系列表现考量其解释的合理性。

其次，因被害人未及时报案，导致相关痕迹物证等重要证据缺失，从而给认定事实和指控犯罪带来困难，以致不得不经过检委会集体讨论。如焦某某强奸案，被害人在案发两天后报案，且被害人自称焦某某强奸既遂，但由于间隔时间较长，而未提取到痕迹物证，在无其他直接言词证据且焦某某拒不供认其犯罪事实的情况下，导致无法证明强奸事实的存在，该案最终做了存疑不起诉处理。

（五）绝大多数案件当事人双方在案发前均存在特定关系

选取的 17 件目标案件中，犯罪嫌疑人与被害人之间存在特定关系的有 15 件，其中 2 件案发前双方始终保持通奸关系，1 件为正在交往的男女朋友关系，1 件为前男女朋友关系，1 件为刚办完离婚手续的离异夫妻，10 件为朋友或同事关系。

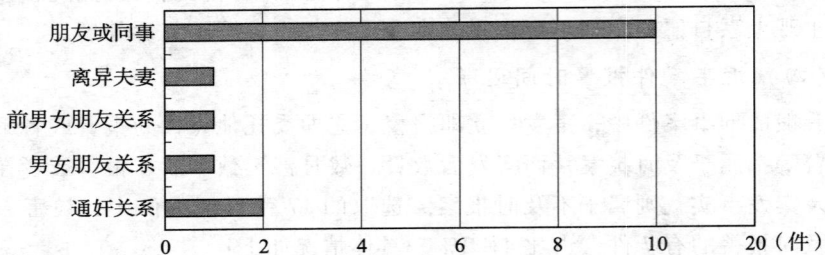

图 5：当事双方关系情况

被害人与犯罪嫌疑人之间的关系是强奸罪是否成立的一个重要考量标准。尤其对当事人双方可能存在暧昧关系的案件，案发时被害人极可能处于半推半就的状态。因此需结合被害人的报案时间、是否有伤情、案发后是否提出条件等情况综合判断，以排除被害人出于后悔、为达到某种目的或者欲达到某种目的未果而报案等可能性。如王某某强奸案中，王某某与被害人韩某某在案发前长期保持通奸关系（二人均承认），案发后犯罪嫌疑人坚称被害人在与自己发生性关系时系自愿，且有证据证明案发后被害人曾向犯罪嫌疑人提出，如其愿意交付 30 万元可向司法机关申请撤案。该案最终作存疑不起诉处理。

另外对于案发时仍处于恋爱期间的男女朋友，判定强奸的证据标准要比其他案件更为严格。如秦某某强奸案中，当事人双方系男女朋友，女方在逼婚未果的情况下报案称被强奸，但经审查发现，双方虽在发生性关系时曾有打闹，但应属于情侣间正常的调情行为，与一般强奸案件中的暴力有所区别，故最终未认定犯罪嫌疑人构成强奸罪。

（六）所有案件犯罪嫌疑人均拒不认罪

本节讨论的 17 件案件中，犯罪嫌疑人最终均对犯罪事实予以否认。其中，仅 2 件案件犯罪嫌疑人曾做过有罪供述，占比 11.8%。剩余的 15 件案件中，犯罪嫌疑人自始至终均做无罪辩解，占比 88.2%。

在办理强奸案的过程中，犯罪嫌疑人的有罪供述是定案的重要证据，若其有罪供述与被害人陈述能够吻合，便可以初步认定犯罪事实的存在，再运用案件其他证据与之相互印证即可。而在犯罪嫌疑人一直坚持无罪辩解的情况下，则需对被害人陈述、证人证言及其他客观证据进行更加严格的把握，如考虑被害人陈述的稳定性及是否符合逻辑，并结合在案的痕迹物证等客观证据进行综合考量。

（七）多数案件证据上存在无法弥补的矛盾或瑕疵

本节提及的 17 件案件，均为因证据存在问题而提请上会讨论。其中，因被害人陈述与在案证据间存在矛盾导致案件无法认定的为 12 件，占比 70.6%；因有罪客观证据存在瑕疵且无法补证导致案件无法认定的为 4 件，占比 23.5%；因在案的直接有罪证据为孤证导致案件无法认定的为 3 件，占比 17.6%；因无法证实犯罪嫌疑人明知双方已解除婚姻关系导致案件无法认定的为 1 件，占比 5.9%。上述各种情况在案件中存在相互交叉的情况。

如王某某强奸一案中，被害人陈述不稳定，对同一细节出现了前后描述不一致的情况，而多位证人关于被告人伤情、案发后是否退钱、案发时间的描述均与被害人陈述相矛盾，且被害人关于犯罪嫌疑人射精的情况与现场勘验提取并经过鉴定的痕迹物质也存在矛盾，故本案未采信被害人陈述的指控，对王某某作出存疑不起诉处理。

又如余某某强奸案中，被害人曾使用录音笔将案发时音频录制，但被害人仅提供给侦查机关录音的复制件，原件因设备涉密无法提供，因该复制件无法与原件进行同一性对比，故该证据无法作为合法证据指控犯罪嫌疑人。同时本案中被害人伤情的照片亦为被害人自己拍摄后交给侦查机关，并非案发后侦查机关依法提取，而因被害人伤情在案发后已愈合，导致侦查机关无法进一步补证，作为案件当事人自己提供的证据该伤情照片证明力亦减弱。

（八）被害人多为年轻女性，且学生居多

从年龄角度看，17 件目标案件的被害人中，有 12 名被害人为 30 岁以下年轻女性，占比 70.6%；3 名被害人为 30—40 岁，占比 17.6%；2 名为 40 岁以上，占比 11.8%。

从职业和社会阅历角度看，上述被害人中有 5 名为在校大学生，占比

29.4%；3 名为洗浴中心按摩女或有偿陪侍人员，占比 17.6%；2 名为企业员工，占比 11.8%；2 名为农民工，占比 11.8%；其余 5 名被害人为自由职业或无业。

被害人的年龄与职业特征，在一定程度上会影响承办人对案件事实的认定。承办人通常会结合案件发生的时间、地点、过程、被害人与犯罪嫌疑人的关系等情况综合分析案情，以排除合理怀疑。上述 5 名被害人为在校大学生的案件中，有 4 件是发生在凌晨的酒店房间内。从办案人员的角度来讲，首先，作为在校大学生在凌晨与异性前往酒店房间的行为便会影响办案人员对其品行的评价；其次，在校大学生可能因其自身社会阅历不足，成为犯罪嫌疑人的目标，在案发后更容易因恐慌等情绪造成对事件处理不妥当，未及时保存证据等情况而导致指控犯罪的证据不足。如孙某某强奸案、徐某强奸案中，被害人均为在校大学生，案发后因各方面原因均未及时报案，且在案发后仍与犯罪嫌疑人有过短信联系。但两案件中的被害人在报警时已将有利于指控犯罪嫌疑人的短信记录删除，并未保存，为顺利指控犯罪造成一定障碍。另外在 3 件被害人为按摩女或有偿陪侍人员的案件中，由于被害人所从事职业的特殊性，办案人员容易对其报案的动机等产生合理怀疑，这种怀疑需要通过对案件其他证据的审查来排除。如犯罪嫌疑人王某某强奸一案中，被害人报案称被强奸，而犯罪嫌疑人辩称二人以发生性关系达成交易，后被害人以此为要挟让其支付 10 万元，并多次与其短信联系要钱。承办人在综合审查双方供证、在案其他证人证言、痕迹物证等证据进行综合判断后，认为无法排除被害人借发生性关系向犯罪嫌疑人勒索财物的合理怀疑，故作出存疑不起诉处理。

（九）多数为派出所治安民警侦办

在 17 件目标案件中，有 13 件案件的侦查主体为派出所民警。

侦查机关办案的习惯与经验往往决定一个案件的质量，尤其是性侵害案件中，许多证据均需要案发后及时调取，因此侦查单位在案发后第一时间的取证情况至关重要。而性侵害案件在侦查过程中又有许多区别于其他案件的特殊性，比如对被害人身体的检查一定要有女侦查人员在场；对被害人、被告人身体所受伤情进行及时拍照固定；根据被害人所描述的情况决定是否提取阴道棉签、留取尿样；第一时间调取案发现场周边的监控录像；其他需要及时调取的可证明犯罪事实的证据应当及时调取等。以上各种情况在派出所办案的过程中，有时会由于客观条件的限制，或者办案人员经验不足、办案意识不强等情况导致未进行及时取证，从而导致在审查起诉阶段发现有重要证据未调取，但经过退回补充侦查已很难再补证的情况。

如郑某强奸案中，该案案发地在 KTV 包间，案发过程中当事人双方存在暴力冲突，被害人曾打碎酒杯以割腕为名来阻止郑某对自己继续奸淫，现场遗留了血迹、玻璃碎片等大量物证。但在侦查初期，出警的派出所办案民警只是在现场简单拍摄数张照片，并没有及时保护现场、保全证据、联系刑侦部门制作现场勘验、检查笔录①，导致上述物证灭失而无法还原犯罪现场，加之本案犯罪嫌疑人郑某从侦查初期到开庭审判阶段，一直拒不承认对被害人使用暴力、试图奸淫，导致公诉人在庭审时缺少直接有效的证据来说明案发时存在的暴力情况。

---

① 根据《公安机关办理刑事案件程序规定》第 208 条规定，侦查人员对于与犯罪有关的场所、物品、人身、尸体应当进行勘验或者检查，及时提取、采集与案件有关的痕迹、物证、生物样本等。第 209 条规定，发案地派出所、巡警等部门应当妥善保护犯罪现场和证据，控制犯罪嫌疑人，并立即报告公安机关主管部门。

第二章　性侵害犯罪公诉证据审查中的疑难点

第一节　性侵害犯罪公诉过程中存在的证据问题

性侵害上会案件中的主要问题集中在证据方面，且因前述的案件特点导致很多问题无法弥补，给案件的认定带来极大障碍（10 件存疑不起诉，3 件法院拟判无罪）。主要证据问题可归为以下三类：

一、言词证据系孤证或存在矛盾

1. 有罪证据仅有犯罪嫌疑人供述

如孙某某强奸案中，证明犯罪事实存在的证据仅有孙某某的供述，包括被害人陈述、证人证言在内的其他证据均系传来证据，据此承办人认为基于不能自证其罪的法学原理，提请作存疑不起诉处理；又如刘某某强奸案中，犯罪嫌疑人在一脚跨入被害人窗户后将被害人惊醒，后被抓获，其供述始终称自己进入屋内想实施强奸，承办人认为本案若起诉犯罪嫌疑人，则认罪口供系孤证，如其当庭翻供则再无证据可以证明刘某某入户是为了实施性侵害，最终考虑到情节轻微等情形按照强奸中止作了相对不起诉处理。

2. 有罪证据仅有被害人陈述，但与其他证据存在矛盾

如王某某强奸案中，被害人称遭犯罪嫌疑人强奸，但其描述与其他证人证言及提取到的物证相矛盾；又如张某强奸案中，被害人陈述称犯罪嫌疑人张某对其已着手实施强奸，但案发后对犯罪嫌疑人张某龟头拭子及被害人宋某某的阴道拭子进行 DNA 检测对比后，结果与被害人陈述相矛盾。

3. 直接有罪证据仅有被害人陈述，其他可佐证的证据均为传来证据

如焦某某强奸案中，仅有被害人陈述，其他有罪证据均为证人证言，且都是被害人转述的传来证据。

二、客观证据存在瑕疵无法补证

1. 音频复制件因公安机关不予鉴定而无法作为合法证据使用

按照北京市公安局负责声纹鉴定部门的要求，鉴定条件是提供音频原件，并且需当事人将原对话内容用同一支录音笔录一遍，再将新录内容与原音频内容进行比对后方可得出结论。但部分案件中，因当事人无法提供音频原件而导致无法鉴定。如王某某案中，因犯罪嫌疑人提供的录音系复制件，无法根据复制件进行鉴定，导致能够证明案件事实的重要证据无法作为合法证据使用。

2. 重要痕迹证据未在案发后第一时间内提取，导致证据效力减弱或者丧失

如麻某某、侯某某二人强奸案中，被害人称可能在喝酒时服下镇静类药物，但侦查机关在案发三日后才对其尿样进行鉴定，结果未检出镇静类药物存在。且由于在案发后未能第一时间提取尿样进行检验，该尿样与该案的关联性也大大降低。

3. 案发后对当事人身体检查不及时，导致伤情无法确定

在性侵害案件中，侦查人员对犯罪嫌疑人[①]、被害人身体进行及时检查和证据提取非常重要。因被害人反抗造成的伤情大部分不重，由于人体自身的恢复机能，在案发后几天内伤情便可能完全恢复而不可再现，因此案发后及时进行身体检查，对固定证据，避免各种有利于证明犯罪事实的痕迹消失有重要意义。如崔某强奸案中，被害人报案后的妇科检查检验出其阴部化脓、感染，但法医在进行伤情鉴定时，既没有对该伤情进行检查并计入伤情鉴定，也没有对该伤情进行拍照固定，致使该份证据的证明力大大下降。

三、当事人间的特殊关系导致无法定案

性侵害案件中，在犯罪嫌疑人辩称双方系自愿发生性关系的情况下，若当事人之间存在诸如同事、情人、同学等特殊关系的时候，往往会给案件认定带来一定困难。如王某某强奸案中，有相关证据证明二人案发前系通奸关系，且无其他客观证据证明被害人与犯罪嫌疑人发生性关系时系非自愿；又如秦某强奸案中，现有证据难以认定犯罪嫌疑人案发时实施了相对激烈的暴力手段，虽有证据证明案发前两人曾发生争吵，但鉴于案发时二人系男女朋友关系，因此

---

① 如被害人有反抗，则犯罪嫌疑人身上也可能有伤。如能通过身体检查出与被害人陈述事实相符的伤情，则可作为证明犯罪的有力证据。

将争吵过程中过激言语一概评价为犯罪嫌疑人秦某实施言语威胁有失妥当；又如崔某强奸案，犯罪嫌疑人为被害人前男友，且案发前被害人主动与犯罪嫌疑人取得联系，并告知其所住地点，以上细节也使得承办人对于案发时两人的实际关系及被害人是否自愿等问题产生了怀疑。

第二节　性侵害犯罪公诉难的主要原因

如前所述，讨论的 17 件性侵害上会案件中，有 14 件被提请检委会作存疑不起诉处理，有 3 件被法院审委会讨论拟判无罪。究其原因，除了性侵害案件本身所特有的言词证据一对一或不稳定、被害人延迟报案等因素外，主要还是在于侦查阶段证据的调取和收集上存在疏漏、瑕疵难以弥补所致。

一般而言，侦查机关的办案经验与质量对案件的证据情况具有决定性的作用。虽然在审查起诉阶段检察机关有两次退回补充侦查的权限，并且可以自行调取证据，但因性侵害案件中，大部分重要的客观证据均需在案发后第一时间提取，如被害人、被告人身体伤情，被害人阴道拭子、身体唾液、脱落细胞等，若未在第一时间内提取，等到审查起诉阶段再退回补充侦查是无法再补证的。再如案发现场勘验、检查情况，若在案发后几天再前往勘验，第一现场很可能已被破坏，无法呈现案发当时真实情况。这些问题主要体现在以下几个方面：

一、对当事人取证不完整、不细致

1. 对被害人的取证存在的问题

强奸案件中，部分被害人在报警后短时间内愿意配合民警调查，但之后因为种种原因很难再联系到被害人取证。公安机关在部分强奸案件侦查初期贻误侦查时机、调取证据不全，导致后期补证工作很难开展。

如王某某强奸案，在侦查初期的讯问阶段，犯罪嫌疑人王某某提到被害人是自愿与其发生性关系后又向自己索要钱款，被害人遭到王某某拒绝后又打电话给他人称王某某不给钱，以及当事双方存在短信交流的情况。王某某提及的上述情节真伪，对查明案情具有重要作用，而派出所民警在已经掌握上述问题的情况下，却没有在询问被害人的过程中，针对王某某口供认真核实被害人电话内容、短信内容、索要钱款等诸多细节。正是由于上述对被害人取证工作的疏漏，加之案发后被害人去向不明，导致补证工作无法开展。

又如郑某强奸案，本案在侦查初期，犯罪嫌疑人、被害人、证人三方对案发时被害人穿着的衣物描述均不相同，但侦查人员并未对被害人所穿衣物进行提取、拍照。针对这一问题，我院承办人多方查找被害人并将案件退回补充侦查，但后期由于无法联系被害人取证，案件细节无法核实。

2. 未能及时、详尽调取证人证言

强奸案件中，部分关键证人因工作不稳定或其他原因离京，导致侦查后期无法再向其核实案情，这就需要侦查人员在侦查初期能够准确把握案情、详尽取证。但侦查人员在部分案件中未能及时完成上述工作，如崔某强奸案中，本案被害人王某某男友姚某、相邻房客杨某、酒店前台值班服务员王某均是重要证人，但派出所办案民警对以上三人调取证言的内容比较简单，没有针对犯罪嫌疑人辩解、被害人陈述中的细节问题进行核实，导致证言证明效力降低。在审查起诉阶段我院承办人再次查找上述人员取证时，已无法联系到上述人员。

二、疏忽对当事人的身体检查

根据《公安机关办理刑事案件程序规定》第 212 条第 1 款和第 2 款规定，为了确定被害人、犯罪嫌疑人的某些特征、伤害情况或者生理状态，可以对人身进行检查，提取指纹信息，采集血液、尿液等生物样本。犯罪嫌疑人如果拒绝检查、提取、采集的，侦查人员认为必要的时候，经办案部门负责人批准可以强制检查、提取、采集。检查的情况应当制作笔录，由参加检查的侦查人员、检查人员、被检查人员和见证人签名。被检查人员拒绝签名的，侦查人员应当在笔录中注明。

强奸案件中，当事双方往往存在肢体上的激烈对抗，犯罪嫌疑人、被害人的身体伤情可以直接反映犯罪嫌疑人的暴力奸淫情节。但一些强奸案件中，都没有对犯罪嫌疑人、被害人进行身体检查。

如王某某强奸案中，被害人称曾反抗犯罪嫌疑人王某某性侵犯长达 40 分钟，期间用手掐、抓王某某的身体，并称王某某的脖子、肩部应该有抓伤。王某某则称二人是经合意发生性关系，被害人没有反抗、自己身上没有抓伤。对于当事双方在伤情问题上的明显分歧，侦查人员并未对王某某进行身体检查，也没有对王某某身体相关部位进行拍照，导致审查起诉时无法对王某某的辩解进行核实。

又如余某某强奸案中，被害人之父马某某报案时提供了被害人马某在案发后一个月的身体伤情照片，但侦查人员只是将该照片入卷而没有做任何身体检查、补充拍照、伤情鉴定，也没有向法医核实该伤情是否有可能在被害人身上保留伤痕长达一个月。在案件审查起诉阶段，承办人就此问题向法医进行了咨询，法医称掐痕造成的淤青是有可能保留一个月的，但当时马某身上已无伤痕，上述问题也无从核实。

三、疏忽对易灭失证据的及时调取

在强奸案件中，诸如监控录像、通讯记录等都是能够印证案件事实的重要证据，这些证据大多易于灭失（如监控录像只保留三个月，案件进行到审查起诉阶段多半已超过此期限而无法调取），而侦查人员在办理部分强奸案件中疏于调取上述证据，导致很多重要证据灭失而无法调取。

1. 监控录像

如崔某强奸案中，派出所办案民警仅调取了犯罪嫌疑人崔某来去酒店的监控录像，但没有分别调取被害人王某某、王某某母亲、王某某现男友姚某三人从入住到离开的所有录像。而后者对于判断是否存在被害人设圈套诬陷犯罪嫌疑人崔某、审查整个案件具有非常重要的作用。由于侦查阶段未能及时完整地调取上述监控录像（审查起诉阶段监控录像已经灭失），导致全案证据链条存在明显缺失，故我院办案人员只能根据言词证据推测相关案情。同时，法院最终未能对该案作出有罪判决的一个重要原因，也是怀疑存在王某某被第三人伤害或伤情系造作伤的可能，而这一可能本也可以通过完整的监控录像进行有效排除。

2. 通讯记录

强奸案件中，当事人手机通讯记录（包括通话和短信）对分析案情有重要帮助，应当予以及时调取，但侦查阶段存在不及时调取的情况。如王某某强奸案中，王某某称案发后被害人曾多次给自己打电话、在客房门口打电话给他人并提及案情、和自己有短信交流。但派出所民警却没有及时调取当事双方手机通话记录，没有对王某某手机短信进行拍照，导致这一关键证据无法调取。

3. 阴道分泌物

在郭某某强奸案中，被害人万某某于某日凌晨 4 时许被强奸后，曾回到家中洗澡，但并未特意清洗阴道，14 时万某某报警，称被强奸，但不能肯定是否体内射精，犯罪嫌疑人则完全否认犯罪。对此事实，侦查人员在侦查活动中，仅提取了被害人裙子上的精斑痕迹，但并未及时提取万某某阴道棉签，导致无法判断犯罪嫌疑人是否对被害人实施了奸入的行为。

四、取证程序不规范导致证据可采性降低

在余某某强奸案的取证过程中，办案民警出现诸多不规范之处：

如侦查人员对被害人父亲马某某提供的材料（如马某某自行拍摄的被害

人照片、涉案本田车照片、犯罪嫌疑人与被害人之间的 QQ 聊天记录）不加核实直接作为证据入卷，导致这些本能印证犯罪事实的材料无法作为庭审证据使用。

又如在本案的精斑鉴定过程中，侦查人员曾提取余某某、被害人血样；在声纹鉴定过程中，公安机关曾提取余某某、被害人声音样本。但上述两份鉴定意见的样本提取工作，均未及时制作提取记录或工作说明。以上问题虽然最终通过侦查人员补写办案说明的形式予以解释，但这些后补的办案说明也成为庭审中被辩护律师大肆攻讦之处。

再如本案侦查过程中没有对案发本田轿车进行现场勘验，致使证明当事人双方发生性关系的核心证据——本田轿车车座上提取的余某某精斑没有合法的提取证明，无法证明检材来源的合法性。经我院承办人后期向侦查人员了解，侦查人员之所以没有现场勘验、检查笔录是因为被害人报案时距案发已过一个多月，无法做出现场勘验、检查笔录，也没有技术可以从车后座上提取精斑。对此，我院承办人认为即使无法做出勘验、检查笔录，也可以调取公安部鉴定人员证言或其内部勘查记录来弥补。而侦查人员仅将一份鉴定意见入卷，检材如何提取、从车后座上何处提取等重要信息均无证据证明，导致该份鉴定意见的证明力大大下降，只能通过后期工作补证。

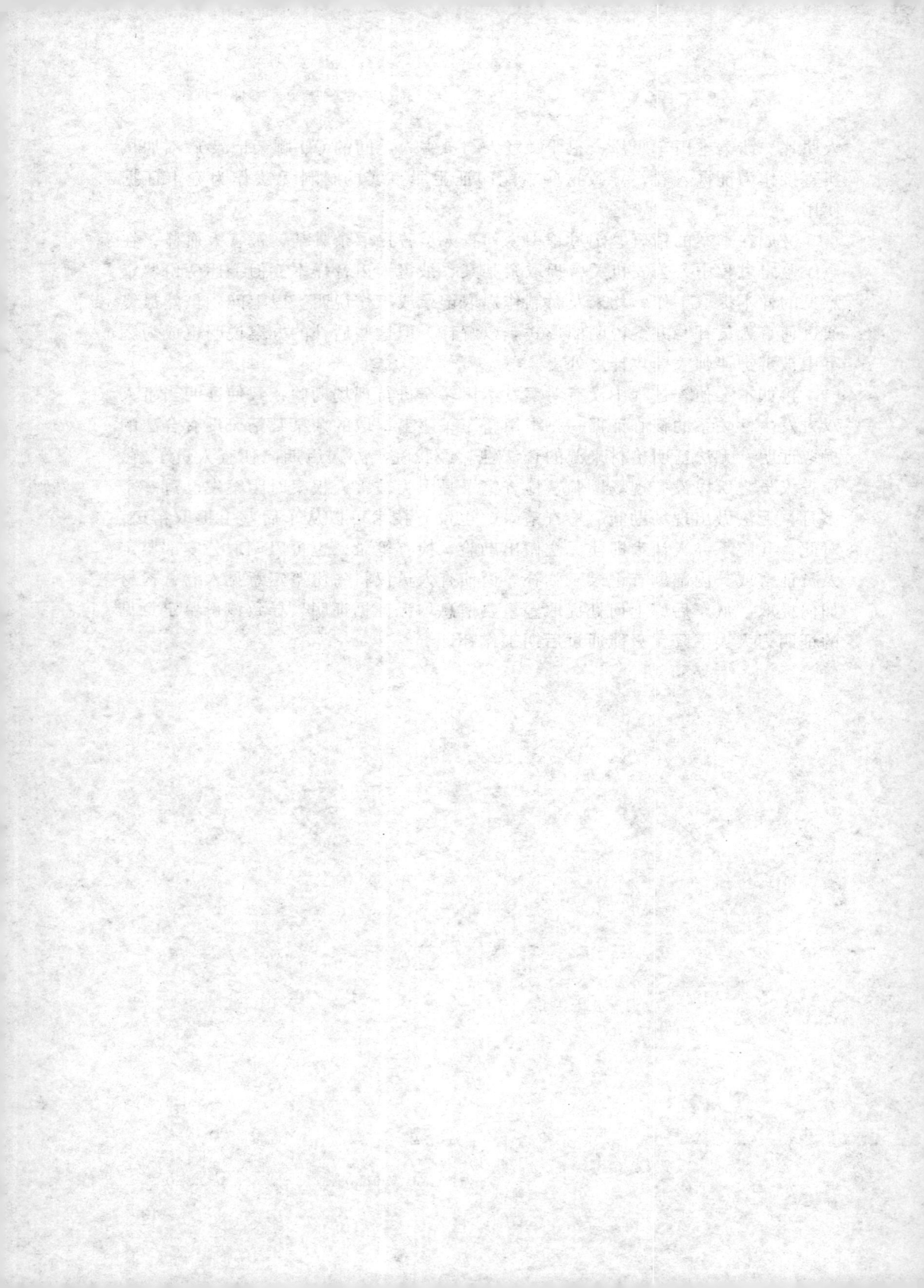

第二部分

性侵害犯罪公诉证据标准与审查认定

第三章　　性侵害犯罪的证明对象和证明标准

　　性侵害案件主要包括强奸、强制猥亵、侮辱妇女以及猥亵儿童案件①，是严重侵害公民人身权利和身心健康、影响公众安全感的犯罪。司法实践中也有较高的发案比例。据统计，2011 年至 2013 年，北京市海淀区人民检察院办理的性侵害案件达 395 件 431 人，其中强奸案件 323 件 351 人，强制猥亵、侮辱妇女案件 65 件 72 人，猥亵儿童案件 28 件 28 人。近年来，随着经济社会的发展，人们的思想观念、交往方式、行为方式有了很大改变，性侵害案件的发案特点、作案方式也发生了很大变化②。与其他案件相比，性侵害案件特别是强奸案件办案实践中经常发生证据"一对一"的情况，给准确认定事实和定性处理带来困难。同样是 2011 年至 2013 年，经过北京市海淀区人民检察院检察委员会研究的性侵害案件达 21 件，其中有 10 件强奸案最终作出存疑不起诉处理。因此，切实加强对案件证据的审查判断，牢牢把握性侵害案件的证据标准，对公诉人切实履行公诉职责、正确处理案件、促进打击犯罪与保障人权的统一，有效防范冤假错案，具有十分重要的意义。

　　笔者主要从公诉人办案的角度③，分析和论述如何审查和运用性侵害案件中的证据，并准确把握案件证明标准，履行对公诉案件的法定证明责任，以期为司法实践中正确、妥善处理此类案件提供参考，同时也为案件的侦查活动提供有益借鉴。

---

　　① 最高人民法院、最高人民检察院、公安部、司法部 2013 年 10 月 24 日联合发布的《关于依法惩治性侵害未成年人犯罪的意见》中所指的性侵害未成年人犯罪，还包括了针对未成年人实施的组织卖淫罪，强迫卖淫罪，引诱、容留、介绍卖淫罪，引诱幼女卖淫罪，嫖宿幼女罪等。但为保证论题集中，本文所指称的"性侵害案件"不包括前述罪名。

　　② 参见石破：《强奸案里的伦理和法律》，载《南风窗》2012 年第 4 期；李晶：《伦理变迁与强奸罪》，载《西部法学评论》2011 年第 1 期，第 56 页。

　　③ 为保证论证范围的全面性，本文部分内容也会从侦查取证的角度予以阐述。

第一节　性侵害犯罪案件的证明对象与证明标准概述

所谓证明对象，又称为"待证事实"，是指"提出诉讼主张的一方所要证明的案件事实，而该案件事实可以支持该方所提出的诉讼主张的成立"①。证明对象可以分为犯罪事实、量刑事实以及程序性事实②。证明对象问题是证明主体必须首先解决并始终关注的问题，整个案件的诉讼证明活动都应当紧紧围绕证明对象来进行。

对于公诉案件而言，公诉人指控的犯罪事实属于刑事诉讼中最重要的证明对象。围绕犯罪事实，公诉人需要证明该罪名所包括的全部构成要件事实。具体到强奸、强制猥亵妇女、猥亵儿童等性侵害案件，就是要根据我国刑法所规定的该罪名的犯罪构成，从主体、主观方面、客观方面、客体来运用证据加以证明③。所谓量刑事实，就是有关被告人的从重、从轻、减轻、免除处罚等量刑情节的事实。其中，既包含诸如从犯、中止、未遂、自首、立功、累犯等法定量刑情节，也包括有关酌定量刑情节。程序性事项也是案件需要加以证明的对象，修改后的刑事诉讼法明确了公诉人对于证据收集的合法性承担证明责任，进而使公诉人在办案实践中需要承担的证明责任进一步加强。

所谓证明标准，是指承担证明责任的诉讼一方对待证事实的论证所达到的真实程度④。作为公诉案件中承担证明责任的一方，公诉人运用证据证明待证事实必须达到一定的真实程度。证明标准既具有一定的客观性，也需要办案人员主观上的判断。在我国，刑事诉讼法确立的最主要的证明标准是"证据确实、充分"。2012 年对刑事诉讼法的修改进一步解释了其具体含义。《最高院

---

① 陈瑞华：《刑事证据法学》，北京大学出版社 2012 年版，第 213 页。

② 《最高人民法院关于适用〈中华人民共和国刑事诉讼法〉的解释》第 64 条（后简称《最高院关于刑事诉讼法的解释》）规定，应当运用证据证明的案件事实包括：（一）被告人、被害人的身份；（二）被指控的犯罪是否存在；（三）被指控的犯罪是否为被告人所实施；（四）被告人有无刑事责任能力，有无罪过，实施犯罪的动机、目的；（五）实施犯罪的时间、地点、手段、后果以及案件起因等；（六）被告人在共同犯罪中的地位、作用；（七）被告人有无从重、从轻、减轻、免除处罚情节；（八）有关附带民事诉讼、涉案财物处理的事实；（九）有关管辖、回避、延期审理等的程序事实；（十）与定罪量刑有关的其他事实。

③ 顾永忠教授认为，定罪事实不仅包括犯罪构成事实，也包括一些不属于犯罪构成的内容的事实，如被害人的身份等。参见《排除合理怀疑仅是定罪证明标准内容之一》，载《检察日报》2013 年11 月 8 日。

④ 陈瑞华：《刑事证据法学》，北京大学出版社 2012 年版，第 244 页。

关于刑事诉讼法的解释》第 64 条第 2 款规定，认定被告人有罪和对被告人从重处罚，应当适用证据确实、充分的证明标准。因此，这一标准主要适用于公诉人对犯罪事实和从重量刑的证明方面，具体到证明方法上，应当适用严格证明的方法加以证明。在办案实践中，对于有利于犯罪嫌疑人、被告人的量刑情节的证明，以及案件相关程序性事实的证明，运用自由证明的方法即可，其证明标准相对于定罪的证据标准要低。在实践中，办理性侵害案件的难点主要在于对犯罪事实的证明，这也是本书关注和论述的重点。需要说明的是，我国刑法对于强奸罪和强制猥亵、侮辱妇女罪以及猥亵儿童罪还分别规定了一些加重处罚的情节。这就对案件的证明提出一些法定的特殊要求，与其他案件中公诉人就自首等一般法定量刑情节的证明存在明显区别，笔者将在后面对其专门予以论述。

第二节　各类性侵害犯罪案件的证明对象与证明标准

由于性侵害犯罪侵犯的客体即公民的性自主权一般可通过对犯罪事实的认定予以明确，因此，这里将按照不同犯罪的犯罪构成，从犯罪主体、主观方面、客观方面来论述证明性侵害案件的定罪事实所需要的相关证据。

一、强奸罪

（一）关于犯罪主体的证据

强奸罪的犯罪主体是一般主体。依照我国刑法规定，已满十四周岁不满十六周岁的未成年人，犯强奸罪应当负刑事责任。因此，在犯罪主体方面，必须证明犯罪嫌疑人是已满十四周岁，具有刑事责任能力的自然人。犯罪嫌疑人一般是男性，但在帮助犯、教唆犯、间接正犯等情形下，也可能是女性。

证明犯罪主体证据主要参考以下内容：（1）居民身份证、居住证、工作证、护照等证件；（2）户口簿；（3）医院出生证明；（4）犯罪嫌疑人的供述；（5）有关亲属、邻居等关于犯罪嫌疑人个人情况的证言。通过上述证据证明犯罪嫌疑人的姓名（曾用名）、出生年月日、居民身份证号、民族、籍贯、出生地、职业、住所地等基本情况。

在犯罪主体方面，办案实践中需要注意的是：

第一，如果案件中有证据表明犯罪嫌疑人接近 18 周岁、14 周岁等临界年龄的，应当收集和审查出生证明、能够证明犯罪嫌疑人出生日期的证人证言以及反映年龄状况的入学登记表等书证。犯罪嫌疑人年龄存在疑问的，一般应以户籍登记文件为准，出生原始记录证明户籍登记确有错误的，可以根据原始记录等有效证据予以认定。另外，按照最高人民检察院的批复①，犯罪嫌疑人不讲真实姓名、住址，年龄不明的，可以委托进行骨龄鉴定或其他科学鉴定，经审查，鉴定意见能够准确确定犯罪嫌疑人实施犯罪行为时的年龄的，可以作为判断犯罪嫌疑人年龄的证据使用。如果鉴定意见不能准确确定犯罪嫌疑人实施犯罪行为时的年龄，而且鉴定意见又表明犯罪嫌疑人年龄在刑法规定的应负刑事责任年龄上下的，应当依法慎重处理。

第二，如果犯罪嫌疑人可能患有精神性疾病进而影响其刑事责任能力的，一般应当进行司法精神病的鉴定。结合相关证据，如了解其精神状况的近亲属、邻居等证人证言、既往病史、家族精神病史以及相关就医记录等审查鉴定的效力，判断其刑事责任能力。

（二）关于犯罪主观方面的证据

我国刑法按照强奸罪犯罪对象不同区分了强奸妇女和奸淫幼女的行为，因此强奸罪也被分为普通强奸与奸淫幼女型的强奸。相应的，犯罪嫌疑人主观方面内容也有所不同。

在一般强奸案中，需证明犯罪嫌疑人具有强奸的主观故意，主要参考以下证据：（1）犯罪嫌疑人及其同案犯的供述和辩解；（2）被害人陈述及其身份证明；（3）书证、物证、电子数据以及其他有助于判断主观故意的客观证据。实践中，双方实际发生性关系，但犯罪嫌疑人辩解被害人主观上自愿发生性关系，从而否定其主观上强奸。在这种情况下，对于犯罪嫌疑人是否具有强奸故意，应当紧密结合客观方面的证据加以认定。具体而言，要通过证据查明事发前双方的关系、双方发生性关系的经过，被害人事后的反应以及案件告发的经过等情况，全面审查判断性行为的发生是否违背被害妇女的意志。

在奸淫幼女的情况下，需要证明犯罪嫌疑人主观上明知被害人为不满14周岁的幼女而仍与其发生性关系，因此，奸淫幼女型的强奸罪主观方面的证明内容比普通强奸罪要多，公诉人承担的证明责任相对更重。一方面，需要从客观上证明被害人的真实年龄；另一方面，需要认定犯罪嫌疑人明知被害人为不满14周岁的幼女而与其发生性关系。本罪中，幼女属于特定对象，是客观构成要件要素，犯罪嫌疑人必须对此有所认识，即明知女方一定是幼女，或者明知女方可能是幼女，或者不管对方是否是幼女而决意实施奸淫行为，被奸淫的

---

① 2000年最高人民检察院《关于"骨龄鉴定"能否作为确定刑事责任年龄证据使用的批复》。

女方又确实是幼女的，就成立奸淫幼女型的强奸罪①。在办案实践中，公诉人应当贯彻和体现从严惩处此类犯罪和保护未成年人利益的精神，在掌握多方面证据的情况下对犯罪嫌疑人"明知"加以认定。近来，有关部门联合发布了《关于依法惩治性侵害未成年人犯罪的意见》，其中规定，对于不满十二周岁的被害人实施奸淫等性侵害行为的，应当认定犯罪嫌疑人"明知"对方是幼女。对于已满十二周岁不满十四周岁的被害人，从其身体发育状况、言谈举止、衣着特征、生活作息规律等观察可能是幼女，而实施奸淫等性侵害行为的，应当认定犯罪嫌疑人"明知"对方是幼女。这一规定通过区分案件中被害幼女的真实年龄，规定了程度不同的证明要求，进一步体现了对性侵害未成年人案件从严惩处的精神②，强化了司法实践的可操作性，事实上适当放宽了公诉人证明的责任。当然，实践中对于已满十二周岁不满十四周岁的被害人，如果确实有证据表明其身体发育早熟，身材高大，虚报年龄，或者生活习性等方面使得客观上难以判断真实年龄，犯罪嫌疑人不知道对方是幼女的情况下与其自愿发生性关系，主观上存在过失的，难以认定为奸淫幼女型的强奸罪③。

（三）关于犯罪客观方面的证据

强奸罪在客观方面表现为犯罪嫌疑人实施了以暴力、胁迫或者其他手段与妇女性交的行为，或者奸淫不满十四周岁幼女的行为。

犯罪客观方面证据的表现形式通常较多，主要包括：（1）被害人陈述；（2）犯罪嫌疑人供述和辩解；（3）有关物证、书证及其他涉案物品的扣押清单；（4）相关证人证言，包括犯罪嫌疑人或被害人的亲友、邻居、服务员、房东等人证言，以及鉴定人员对鉴定所作的说明；（5）辨认笔录、指认笔录及其照片情况的文字记录，包括被害人及有关人员对犯罪嫌疑人的辨认和犯罪嫌疑人对作案地点、犯罪工具的指认情况；（6）现场勘验、检查笔录及照片、录像、现场制图，包括对现场的勘验、对被害人及犯罪嫌疑人人身的检查、对物品的检查及有关照片、录像；（7）鉴定意见；（8）视听资料、电子数据，

---

① 张明楷：《刑法学》（第4版），法律出版社2011年版，第780页。

② 参见赵秉志、袁彬：《实体程序并重　全方位保护未成年人利益》，《检察日报》2013年10月26日。

③ 按照最高人民法院法官的解读，第二款、第三款均属于对"明知"认定问题的规范指引。不同的是，第二款属于绝对确定的指引，第三款属于相对确定的指引。主要是考虑到司法实践情况的复杂性，不排除存在一般人、行为人根本不可能判断出接近十二周岁至十四周岁年龄段中的某些被害人是否是幼女的特殊情形存在。参见最高人民法院刑一庭薛淑兰、赵俊甫、肖凤：《〈关于依法惩治性侵害未成年人犯罪的意见〉有关问题的解读》，《人民法院报》2014年1月4日。

包括录音文件、监控录像、电子聊天记录等。需要证明的内容一般包括：案发前双方的关系；行为发生的具体时间、地点；犯罪嫌疑人使用何种手段；是否违背妇女意志；性关系是否发生或者性器官是否接触；性行为是否完成，行为的后果（如伤情、怀孕）；被害人在事发过程中以及事后的反应；共同犯罪中，犯罪嫌疑人之间的关系及其在共同犯罪中所起的作用等。

强奸罪是侵犯妇女性的决定权的犯罪，与妇女本人的意愿密不可分。要认定强奸的客观行为，相关证据必须能够证明犯罪嫌疑人采用暴力、胁迫或者其他手段，在违背妇女意志的情况下与妇女性交，且该暴力、胁迫或其他手段的程度足以达到使被害人不知、不敢或者不能抗拒的程度。在普通强奸罪中，我国刑法通说一般认为只有双方生殖器结合（即插入）时方为既遂。在审查案件过程中，公诉人需要运用证据查明犯罪嫌疑人采取了哪些手段（暴力、胁迫、其他方法），行为是否违背了妇女意志，行为是否已经得逞，如果行为未得逞，需要查明未得逞的具体原因，为从法律上进一步判断和评价行为属于中止还是未遂提供依据。

与普通强奸案件不同，在被害人为幼女的情况下，由于幼女的心智发育不成熟，缺乏辨别是非的能力，不理解性行为的后果和意义，也没有抗拒能力。因此，奸淫幼女型的强奸罪不论行为的手段，也不论幼女本人是否同意，在行为的客观方面，只要与幼女发生性交，法律上就认为其侵犯了幼女的性的决定权。从既遂标准来看，我国刑法通说认为，奸淫幼女既遂的标准为性器官接触说。因此，只要证据能够证明犯罪嫌疑人的性器官和被害幼女的性器官发生了接触，就应当认定为既遂。

二、强制猥亵、侮辱妇女罪

就各犯罪构成要件的证明所需的证据来看，强制猥亵、侮辱妇女罪以及猥亵儿童罪所需的相应证据种类与强奸案并无很大差异，因此这里主要对两罪定罪事实的具体证明内容加以说明。

强制猥亵、侮辱妇女罪的犯罪主体并不限于男性，但要求证明犯罪嫌疑人是已满十六周岁的人。

犯罪主观方面，必须证明犯罪嫌疑人具有强制猥亵、侮辱妇女的故意，即明知自己的猥亵、侮辱行为侵犯了妇女的性权利，但仍然强行实施上述行为。

犯罪客观方面，必须证明犯罪嫌疑人实施了以暴力、胁迫或者其他使妇女不能反抗、不敢反抗、不知反抗的方法强制猥亵妇女或者侮辱妇女的行为。需要注意的是，不同的猥亵案件中，猥亵行为的范围并不完全相同。由于刑法对妇女、幼女有特殊的保护，但缺乏对奸淫幼男行为的专门规定，因此在刑法解释上，本罪所指的强制猥亵妇女的行为则应该是性交以外的行为，而猥亵幼男的行为可以包括妇女与幼男性交的行为①。

实践中容易发生争议的情况主要包括，一是强奸与强制猥亵的主观故意难以区分，二是强奸行为与强制猥亵行为交织的情况下导致行为的定性存在争议。鉴于此类问题比较重要，笔者将运用实例专章加以论述。

三、猥亵儿童罪

犯罪主体方面，要求证明犯罪嫌疑人是已满十六周岁的人。

主观方面，必须证明犯罪嫌疑人具有猥亵儿童的故意，且必须明知被害人是或者可能是不满 14 周岁的儿童。

犯罪客观方面，必须证明犯罪嫌疑人实施了一系列猥亵儿童的行为。如前所述，妇女猥亵幼男的行为，应当包括性交行为与性交意图，以维护刑法的协调，更好保护幼男的权益②。与强制猥亵、侮辱妇女罪不同的是，猥亵儿童罪的行为人既可以采用暴力、胁迫或其他方法，也可以在征得被害儿童"同意"的情况下进行③。

---

① 张明楷：《刑法学》（第 4 版），法律出版社 2011 年版，第 788 页。
② 关于猥亵儿童等被害人年龄低下的案件的证据特殊性，参见本文第三部分。
③ 王作富主编：《刑法分则实务研究》，中国方正出版社 2013 年版，第 772 页。

第四章 性侵害犯罪的犯罪构成及相关情节认定

第一节 性侵害犯罪的犯罪构成及各具体相关情节认定

一、强奸故意的认定——林某强奸案[①]

（一）基本案情

被告人林某（绰号小五）在酒店喝酒，其间有三陪女作陪，后其到该酒店四楼找三陪女嫖宿。见一房门未关内有暗红色灯光，林某遂进房对床上的女子进行猥亵。朦胧中该女子以为是自己的男友（亦名小五），叫了声小五，之后与之发生了性关系。女子睁眼后发现不是自己的男友，遂报警。

（二）争议问题

强奸罪客观方面和主观方面的认定。

观点1：本案不符合强奸罪的客观方面构成，因此不构成强奸罪。被告人在与被害人发生性关系时没有使用暴力、胁迫或其他足以使被害人不敢反抗、不能反抗或不知反抗的手段，不符合强奸罪的法定构成。

观点2：本案不符合强奸罪的主观方面的构成，因此不构成强奸罪。行为人处于醉酒状态，房间的状况很容易让人误会被害人是三陪女，被害人男友与被告人重名，因此被告人不具有强奸的故意。

（三）评析意见

笔者赞同第二种观点，即被告人的行为符合强奸罪的客观方面的构成，但是不具有主观故意，因此不构成强奸罪。

强奸罪客观方面构成的关键是"违背妇女意志"，暴力、胁迫手段是最直

---

① 张耕：《刑事案例诉辩审评——强奸罪 拐卖妇女儿童罪》，中国检察出版社 2005 年版，第 45 页。

接的违背妇女意志的体现，而"违背妇女意志"却不仅仅体现在暴力、胁迫手段。利用被害人身体的特殊状态（睡眠、醉酒、患病）这种单纯的利用行为实质上仍是"违背妇女意志"的行为。所以从行为上而言，这种利用行为符合强奸罪的客观方面的构成。

从主观方面讲，强奸罪的故意是指明知自己的行为违背妇女意志，而决意实施犯罪行为。本案中，被告人由于发生了对象认识错误，误将床上的女子认成三陪女，因而没有认识到自己的行为是违背妇女意志的。被告人不具有强奸的主观故意，因此不构成强奸罪。

（四）判决情况

法院判决认定林某无罪。

二、强奸罪"其他手段"的司法界定——朱某强奸案[①]

（一）基本案情

被告人朱某在某大学小树林内，以对刘某某进行"心理辅导"、"锻炼胆量"、帮助其"克服恐惧感"为名，诱使刘某某掀开衣服，对刘某某进行亲摸。最后朱某称"辅导是循序渐进的过程"，并在与刘某某吃过晚饭后，将刘某某带至其暂住地，用同样的方式，以让刘某某"摆脱心理负担"、"突破自己"、"配合辅导"等理由与刘某某发生性关系。

（二）争议问题

本案中朱某的行为是否属于强奸罪中的"其他手段"，主要观点有：

1. 朱某不构成强奸罪。朱某没有采取暴力、威胁等强制手段，刘某某也没有反抗举动，故无法认定二者发生性行为系违背妇女意志的强奸行为。

2. 朱某的行为构成强奸罪。认定强奸罪不能以被害妇女有无反抗表示作为必要条件。对妇女未作反抗表示，或者反抗表示不明显的，要具体分析，认真区别。朱某的行为系违背刘某某意志的。

（三）评析意见

笔者同意第二种意见，理由如下：

第一，强奸罪中的"其他手段"不需要与暴力、胁迫具有相同的强制性，只要该手段使妇女客观上身体条件受限而不知、不能反抗，或是使妇女主观上心智条件受蒙蔽，基于错误认识而不知反抗即可。

---

① 本文作者：董立岩，北京市海淀区人民检察院。

对"其他手段"的界定，应从妇女丧失对性自由支配的能力的角度出发，从身体条件和心智条件两方面界定。在《关于当前办理强奸案件中具体应用法律的若干问题的解答》（以下简称《若干问题的解答》）中重病、熟睡、醉酒、药物麻醉均是对妇女身体情况的框定，即妇女在上述身体情况下因不知晓自己的行为而不知反抗，或是即使知道，但因为身体条件所限不能反抗；利用或者假冒治病则是对妇女心智条件的框定，即妇女客观上知晓自己的行为，但是主观上却认为行为的目的不在于"性"，而在于治病抑或其他，也就是说妇女因为被告人的某种手段错误地理解了行为性质，看似同意发生性关系，实则心理麻醉，不知反抗。《若干问题的解答》中用"等等方法"来扩充列举的情形，故"其他手段"应该与上述方法相类同。

第二，单纯影响妇女意志决定的欺骗行为并非强奸罪的手段，但是影响了妇女意识的欺骗行为可以认定为强奸罪中的"其他手段"。

意识是对事物属性的认识，而意志是依据该认识而做出的为或不为的决定，正确的意识是不违背行为人意志的基础。判断欺骗是否属于强奸罪其他手段的关键是：欺骗手段是否影响了妇女的意识。如果妇女基于错误的意识而做出意志决定，即使该决定表面上不违背妇女意志，但实际上却不符合妇女预定的目的。此时，行为人则可能构成强奸罪。朱某的欺骗手段影响了刘某某的意识，故即使刘某某做出看似同意的意志决定，也不影响刘某某不愿意发生性关系的真实意思表示。

（四）判决情况

法院判决认定，被告人朱某虚构自己的身份，使用语言诱导被害人，令被害人产生误信，陷于不能反抗的境地。其违背被害人的真实意愿与被害人发生性关系，侵犯了妇女性的不可侵犯的权利，其行为已构成强奸罪。

三、强迫他人奸淫或猥亵应当如何认定——谭某、罗某等强奸案[①]

（一）基本案情

谭某、罗某与赖某持刀对正在谈恋爱的蒙某（男）、瞿某（女）实施抢劫，后三人用皮带反绑蒙某双手，用胶带粘住蒙某的手腕，威逼瞿某脱光衣服、脱去蒙某内裤，强迫二人性交给三人观看。蒙某因害怕无法进行，谭某等人又令瞿某用口含住蒙某的生殖器进行口交。最终，蒙某趁谭某等人不备，挣

① 陈兴良、张军、胡云腾：《人民法院刑事指导案例裁判要旨通纂》，北京大学出版社 2012 年版，第 472 页。

脱皮带跳进水库逃脱。

（二）争议问题

1. 谭某等三人的行为如何认定存在争议

（1）构成强奸罪。三人在抢劫过程中，违背妇女意志，使用暴力、胁迫手段，强迫他人与妇女发生性关系，其行为已构成强奸罪。

（2）构成强制猥亵妇女罪。三被告人强迫二人性交后又强迫瞿某为蒙某口交，其主观是寻求精神上的刺激，调戏取乐，应以强制猥亵妇女罪论处。

（3）不构成犯罪。三被告人主观上没有强奸的目的，客观上没有强奸行为，因此不构成犯罪。

2. 本案中蒙某属于胁从犯还是紧急避险也存在争议

（1）属于胁从犯。蒙某受谭某等三人指使，被胁从侵犯了瞿某的性自由，是胁从犯。

（2）属于紧急避险。蒙某被他人持刀威胁与瞿某性交，否则蒙某和瞿某都会遭受生命危险，在没有其他方法避险的情况下不得已侵犯了瞿某的性权利，系紧急避险行为，不构成犯罪。

（三）评析意见

1. 第一个问题中，谭某三人构成强制猥亵妇女罪的正犯

首先，谭某三人持刀威胁蒙某二人性交、口交，主观上是寻求精神上的刺激，调戏取乐，没有强奸的目的，客观上缺乏强奸行为，应以强制猥亵罪定罪处罚。

其次，实行犯分为两种，一种是行为人自己直接实行犯罪构成客观要件行为的直接实行犯；另一种是利用他人作为犯罪工具实行犯罪行为的间接实行犯。本案中，谭某三人为追求精神刺激，用暴力胁迫的方式，利用蒙某作为犯罪工具，强迫二人先后发生性交行为和猥亵行为供其观看。虽未亲自实施强奸、猥亵瞿某的行为，但其强迫蒙某实施上述犯罪行为，实际上是将蒙某作为犯罪工具实施了其本人意欲实施的犯罪行为，因此，对三人应以实行正犯处理。

2. 蒙某的行为属于紧急避险

紧急避险与胁从犯实施的犯罪行为的区别如下：一是从危险的紧急性来看，紧急避险中的危险是正在发生的危险，后者还包括将来可能发生的危险；二是从保护的利益来看，紧急避险保护的是合法权益，后者还可以是保护非法权益；三是行为人意志自由丧失程度不一致，紧急避险中的行为人在当时危险的状态下，其完全无选择意志的自由，胁从犯参加犯罪是其自由选择的结果。因此，本案中蒙某的行为属于紧急避险，不构成犯罪。

（四）判决情况

法院判决认定，三被告人犯强制猥亵妇女罪、抢劫罪。

四、强奸罪中轮奸情节如何认定——张某、王某等强奸案①

（一）基本案情

被告人张某、王某（大）、王某（小）逼迫被害人韩某某脱光衣服，张某用手机强行拍摄韩某某裸照。王某（大）脱光自己衣服欲与韩某某发生性关系，被张某制止。张某让王某（大）、王某（小）离开宾馆，后张某以散发裸照相威胁，强行与韩某某发生4次性关系。

（二）争议问题

本案三被告人的行为是否构成轮奸存在争议，主要存在以下三种意见：

1. 三名被告人构成轮奸。轮奸的成立不需要轮奸的故意，三人客观行为符合轮奸的行为要求，王某（大）先行实施奸淫行为（未遂），张某在明知王某（大）已实施奸淫行为的前提下，自己依然将被害人强奸（既遂）。

2. 三名被告人不构成轮奸。轮奸的成立虽不需要轮奸的故意，但要求各行为人的奸淫行为都必须达到既遂。轮奸作为强奸罪的一种加重处罚情节，其成立与否必须以其基本犯罪行为是否成立为前提，在基本犯罪既遂的情况下才成立轮奸。

3. 三名被告人不构成轮奸。轮奸的成立需要存在轮奸的故意，至于轮奸中各行为人的强奸行为是否均既遂则无要求。

（三）评析意见

笔者赞同第三种观点，即三被告人没有轮奸的故意，不构成轮奸。轮奸的构成与否，应要求行为人必须具有轮奸的故意。如果单纯从受害者的角度分析客观上是否被两名以上男子轮流奸淫，此标准忽略了行为人的主观故意，有客观归罪嫌疑。

实践中另一种情况存在较大争议的是，假设王某（大）先实施奸淫行为后其离开，被告人张某接着实施了奸淫行为，则如何认定？关于这一问题可以借鉴片面共犯理论，即不要求张某、王某（大）二人对轮奸具有共同的意思联络，张某明知王某（大）已经实施强奸行为，其进而产生强奸故意，并实施了强奸行为，那么张某的强奸故意即升格为轮奸故意，而王某（大）则只

---

① 本文作者：王楠，北京市海淀区人民检察院。

能以普通的强奸罪认定。这样的处理，既可以对受害人客观上遭受轮流奸淫的情况在法律上予以正确评价，也可以对具有更大恶性的轮奸故意进行更严重的处罚，达到罪行相均衡。

（四）判决情况

法院判决认定张某、王某（大）、王某（小）结伙采用暴力、胁迫手段强奸妇女，三人行为均已构成强奸罪，被告人张某在共同犯罪中起主要作用，系主犯；被告人王某（大）、王某（小）在共同犯罪中起次要、辅助作用，系从犯。

五、"性行为能力"与"性防卫能力"比较——王某强奸案[①]

（一）基本案情

被告人王某在明知被害人张某某（女，17岁）智力低下的情况下，先后两次强行与被害人发生性关系，后张某某到医院检查确诊怀孕3个月。经鉴定，张某某轻度精神发育迟滞，与王某发生性关系受智力低下影响，认识和预期能力丧失，无性行为能力。

（二）争议问题

法医学鉴定意见中的"性行为能力"与"性防卫能力"是否具有相同性质，有表述瑕疵的法医学鉴定是否可以作为证据使用，主要观点相互矛盾：

1. "无性行为能力"不符合我国刑事司法对于性能力的惯常用语，一贯表述应为"无性防卫能力"，该鉴定意见不能按照专业术语进行表述，结论部分明显存在认定上的错误，不应该再用其鉴定作为定案依据。

2. "无性行为能力"无论从用语规范性上、严谨性上、法律性上都更符合鉴定意见的要求，该司法鉴定可以作为鉴定意见使用。

（三）评析意见

笔者同意第二种意见，理由如下：

1. "无性行为能力"比"不具有性防卫能力"更具有科学性。后者主要是指缺乏相应的体力条件，而难以与精神上的缺陷相联系。而前者则包含对"性"的认知能力和预期能力，对于对性行为缺乏明确认识的呆傻者而言，"无性行为能力"的概念显然更为科学、贴切。

2. "无性行为能力"比"不具有性防卫能力"更具有合理性。首先，从

---

① 本文作者：赵轶，北京市海淀区人民检察院。

民法角度来看，行为是以"意思表示"为最基本要素的，呆傻者明显不具备这种意思表示能力。因此"无性行为能力"的概念可以较好地概括、表示呆傻者对性行为及其法律效果缺乏明确认识的主观精神状态。其次，从刑法的角度看，行为是指"基于人的意识实施的客观上侵犯法益的身体活动。……行为具备有体性、有意性、有害性三个特征"。这里的"有意性"是指一般意义上的意识，不包括故意、过失与犯罪目的等主观要件内容。"无性行为能力"的概念也较好地说明了呆傻者对"性"缺乏基本认识的精神状态。

3. "无性行为能力"较之"无性防卫能力"对于解决实际案件更具有确定性和可操作性。针对"无性行为能力"被害人而言，司法者只需要审查鉴定意见的程序、实体是否合法就可以了，而不用再搜集其他证据以求进一步核实被害人的精神状态。但"无性防卫能力"则不然，需要进一步去证明其意识表示是否有瑕疵，不能意识和控制自己的行为，缺少行为能力。

（四）判决情况

法院判决认定被告人王某违背妇女意志，在明知被害人智力低下的情况下与其发生性关系，其行为已构成强奸罪。被害人张某某的精神疾病司法鉴定意见为无性行为能力，从而可以认定被告人与被害人发生性关系违背了被害人的意志。

六、哄骗性防卫能力减弱者"自愿"发生性关系的行为如何认定——温某强奸案[①]

（一）基本案情

被告人温某于 2010 年 12 月 11 日晚在北京西站值班时，在西站建行营业点 ATM 机附近遇到在此取款的被害人余某（女，21 岁），温某以西站分局工作人员的身份在与余某交流的过程中发现余某精神异常。后温某以为余某安排住处为由，将余某带至本市海淀区一处旅馆房间内，并于次日凌晨 2 时许，与被害人余某发生了性关系。被告人温某供述其采用哄骗手段，被害人自愿与其发生性关系。被害人余某陈述被告人采用暴力手段强行与其发生性关系。被告人温某于 2011 年 1 月 7 日被公安机关抓获。经鉴定，被害人余某临床诊断为精神分裂症，案发时处于疾病期，鉴定为性防卫能力减弱。

（二）争议问题

本案中，温某与余某发生了性关系，这一点并无疑义。关键在于二人发生

---

① 本文作者：邓超，北京市海淀区人民检察院。

性关系时，余某是否自愿。对此，被告人供述与被害人陈述存在分歧：温某供述其通过欺骗手段，余某自愿与其发生性关系；余某陈述温某采用暴力手段，在违背其意愿的情况下，强行与其发生性关系。

本案被告人与被害人对二人如何发生性关系的说法均无其他旁证加以佐证，无法单独采信任意一方。由此，需要综合全案证据进行全面分析，分别评判。被害人证实被告人与其发生性关系是采用暴力手段，违背其意志，强行与其发生性关系。如果采信被害人陈述，可以认定被告人的行为构成强奸罪。被告人供述证实被害人在其哄骗之下，自愿与其发生性关系。如果采信被告人的供述，被害人与被告人发生性关系是否违背被害人的真实意愿，就成为本案的焦点。

对此，有三种意见：

第一种意见认为，性防卫能力减弱的被害人并非精神病患者，与正常人无异，其自愿与被告人发生性关系，未违背被害人意志，应认定被告人无罪。

第二种意见认为，性防卫能力减弱的被害人相当于精神病患者，应当直接适用关于精神病患者的司法解释，其自愿与被告人发生性关系的行为应认定为强奸罪。

第三种意见认为，对于性防卫能力减弱的被害人不能径直按照精神病患者认定，但是也有别于正常人。应当对其当时发生性关系的行为进行客观综合评价，分析是否出于"自愿"。对于发生性关系违背被害人真实意愿的，应认定被告人构成强奸罪。

（三）评析意见

笔者倾向于第三种意见。在本案中应推定被害人在"非自愿"情况下，与被告人发生性关系，应认定被告人构成强奸罪。具体理由如下：

第一，被害人不适用于我国刑事司法解释规定的关于强奸罪中精神病患者的情形。最高人民法院、最高人民检察院、公安部《关于当前办理强奸案件中具体应用法律的若干问题的解答》中规定："明知妇女是精神病患者或者痴呆者（程度严重的）而与其发生性行为的，不管犯罪分子采取什么手段，都应以强奸罪论处。"我国刑法把与无性防卫能力的精神病人发生性行为认定为犯罪，从逻辑上讲，是推定该行为违背了妇女的意志，目的在于保护弱势群体的性权利。本案中，虽然被害人司法精神鉴定结果为精神分裂症，处于发病期间，但是其性防卫能力是减弱，而并非无性防卫能力。根据本案中被害人陈述和其他人的证言，可以认定被害人具备一定的辨认和控制能力。因此其性防卫能力为减弱程度，不适用于司法解释关于精神病患者的规定。

第二，被告人明知被害人是精神病患者，并利用这一点与其发生性关系，应推定其违背妇女意志。被告人从被害人的行为、言语及与其姐姐的沟通中得知被害人系精神病患者。在本案中，被害人之所以答应与被告人发生性关系，根据被告人的供述，原因在于被告人答应与她一起回家。而被告人也称这都是不可能的，仅仅为了哄骗被害人与其发生性关系。由此可以得知，如果不存在这些被告人许诺的"利益"或"条件"，被害人并不愿意与被告人发生性关系。被害人所谓的"愿意"，是一种附条件的愿意。当这些附条件为真，被害人确实愿意与被告人发生性关系；但是当这些附条件为假，被害人真实的意愿是不愿意与被告人发生性关系。

第三，从被害人的整体精神状况及与被告人的关系判定，二人发生性关系违背了被害人的意愿。在本案中，被害人的整体精神状况明显低于一般同龄人，如住在旅馆中无故哭泣、对被告人的轻信，等等，均体现出被害人的整体精神状况处于一定的混乱、无序状态，对事物性质的认识、对行为结果的判断与正常人相比均呈现某种程度的偏差。同时，被害人与被告人并不相识，被害人不可能无故"自愿"与陌生男子发生性关系。

第四，根据被害人的事后反应，也应推定其性权利遭受了侵害。被害人在与被告人发生性关系后反应剧烈，在案发后第二天中午即选择报警。在报警时，被害人还声称应当将被告人抓起来，让他坐牢。由此可见，被害人的性权利遭受了严重侵害。同时，被害人虽然得过精神分裂症，由于吃药一直得到控制，但是在发生完性关系之后，其精神疾病进一步加重，也说明发生的性关系对其身心造成了重大损害。

第五，被害人受到欺骗的"自愿"与正常女性受到欺骗的"自愿"存在本质差别。正常女性也存在受到欺骗从而"自愿"与他人发生性关系的情形，此时并不能追究他人的刑事责任。由于女性自身的价值选择与价值判断、性格特点以及知识水平等决定了女性在意志自由的前提下，对自己选择的行为应当负责，并承担相应后果。但是，在被害人性防卫能力减弱情况下，被害人对发生的性行为虽有一定了解，但也存在认识上的盲区，如不知道什么是避孕套，也不知道什么是射精。而这不是由被害人的自身意志、性格所决定，而是由其所患精神疾病导致对事物的认知能力受到一定减损所决定。由此决定了对性防卫能力减弱的女性是否"自愿"的判断与正常女性的判断应当有所区别。

综合被害人的陈述以及被告人的供述和辩解，可以认定被告人的行为属于采取其他方法，违背妇女意志，强行与被害人发生性关系，已构成强奸罪。

（四）判决情况

法院判决认定被告人温某在明知被害人系精神病患者的情况下与被害人发生性关系，其行为已构成强奸罪。

七、如何认定长期通奸后的强奸行为——郭某强奸案①

（一）基本案情

被告人郭某与被害人王某系同村，两人自1997年起便长期保持不正当男女关系。2002年某天，被告人郭某酒后到王某家，欲与王某发生性关系，王某不从，两人发生厮打，后被告人郭某将王某拉至卧室，强行与其发生性关系。事前郭某用脚踩王某，王某用手抓破郭某脖子，事后王某用棍追打郭某，经鉴定王某伤情为轻微伤。

（二）争议问题

对长期通奸后发生性行为是否系违背妇女意志存在不同观点：

1. 不应认定为强奸罪，理由是无法认定郭某与王某发生性行为时违背了王某的意志。由于二人曾多次发生不正当性关系，王某均系自愿。此次发生性关系，无证据表明王某事先不同意，二人虽然发生厮打，但不能表明王某在与郭某发生性关系时是不同意的。

2. 应当认定为强奸罪，理由是事先二人的厮打行为，以及事后王某对郭某的追打行为，足以证实二人发生性关系时是违背王某意志的。

（三）评析意见

笔者赞同第二种观点，即郭某的行为构成强奸罪。强奸和通奸的根本区别有两点：一是前者同妇女发生性关系时违背妇女意志，后者同妇女发生性关系时完全是出于妇女自愿；二是前者一般采取暴力或胁迫手段，后者一般不使用暴力或胁迫手段。因此强奸罪的本质特征是违背妇女意志。所谓违背妇女意志，就是行为人在女性没有性交目的和愿望的情况下强行与之发生性关系，即行为人将其性交目的和性行为强加于女性，从而侵犯了该女性的性自主权。只要行为人本次与女性发生性关系时违背了该女性的意志，即构成强奸罪。而行为人之前与该女性是否曾发生过性关系，该女性之前是否自愿，则一概不论。具体到本案，被告人郭某采取暴力手段，违背王某意志强行与王某发生性关系的行为，毫无疑问已符合强奸罪的构成要件。而二人之前长期保持的通奸关系对定罪没有任何影响，但是可以作为量刑的情节考虑。

（四）判决情况

法院判决认定，被告人郭某犯强奸罪。

---

① 张耕：《刑事案例诉辩审评——强奸罪　拐卖妇女儿童罪》，中国检察出版社2005年版，第239页。

八、强奸轻度精神发育迟滞妇女如何认定——黄某某强奸案①

（一）基本案情

黄某某与被害人同在工厂务工，一天被害人到黄某某宿舍找另一同事聂某时，黄某某趁机调戏被害人，将被害人压倒在床上与被害人发生了性关系。此后，犯罪嫌疑人多次到被害人宿舍强行与被害人发生性关系。经医疗机构鉴定，被害人是轻度精神发育迟滞者，案发期间的性防卫能力部分削弱，周围群众都称被害人有点傻傻的，不太正常，但工作生活基本可以自理。

（二）争议焦点

1. 基于黄某某与被害人是熟人关系，应当认定其明知被害人可能有精神障碍，其是利用了被害人有精神障碍多次与被害人发生性关系，符合《关于当前办理强奸案件中具体应用法律的若干问题的解答》（以下简称《若干问题的解答》）保护精神障碍妇女权益的立法精神，可以认定黄某某涉嫌强奸罪。

2. 《若干问题的解答》的相关条款中强调的被害妇女是"精神病患者"或者"痴呆者（严重程度）"，而本案被害人是轻度精神发育迟滞者，不属于《若干问题的解答》的适用对象。而且被害人对男女关系有一定认识，对性行为的性质、意义和后果也有一定认识，具有部分性防卫能力，加之有证据表明黄某某和被害人可能存在恋爱关系，因此，不宜认定犯罪嫌疑人涉嫌强奸罪。

（三）评析意见

与轻度精神发育迟滞妇女发生性关系如何处理的问题在司法实践中尚未形成统一意见，对《若干问题的解答》相关条款的理解不一，致使司法人员在办理案件过程中常常产生分歧意见，同时，《若干问题的解答》相关条款用语不规范。

目前，除了刑法和《若干问题的解答》的相关规定外，处理与精神障碍妇女发生性关系的案件的法律依据还有《残疾人保障法》的规定，"奸淫因智力残疾或者精神残疾不能辨认自己行为的残疾人的，以强奸论。"这些法律以及司法解释里均没有"精神发育迟滞"这一概念，而在司法实践中"精神发育迟滞"这个概念却经常出现。司法人员通常将"精神发育迟滞"理解为"痴呆"，而实际上这两个概念是不相同的。按照《若干问题的解答》相关条款的字面意思，其只规定了"痴呆"者（程度严重）才适用，没有明确将

---

① 本案例来源于深圳市宝安区 2009 年度至 2011 年度强奸犯罪案件统计实例。

"精神发育迟滞"者纳入适用范围，而"精神发育迟滞"妇女也存在性自卫能力丧失的情形，将其排除在外显然违背保护精神障碍妇女合法权益的立法本意。

（四）处理结果

本案最终以存疑不起诉处理。

九、婚内暴力奸淫案件的定性——王某强奸案、白某强奸案①

（一）基本案情

案例一：被告人王某与被害人钱某于 1993 年登记结婚，后育有一子。1996 年 6 月，二人分居，王某向法院起诉离婚，同年 10 月，法院判决不准离婚。1997 年 3 月，王某再次起诉离婚，同年 10 月 8 日，法院判决准予离婚，二人对离婚无争议，王某表示对子女抚养问题有意见，但未上诉。10 月 13 日晚，王某到原住处见钱某欲与其发生性关系，遭钱某拒绝，后王某将钱某的双手反扭，采用抓、咬等手段，强行与钱某发生性关系，致钱某胸部被抓伤。

案例二：被告人白某与被害人姚某于 1994 年 10 月结婚，婚后感情不好，姚某于 1995 年 2 月回娘家居住，并向白某提出离婚请求，经村委会调解，因退还彩礼问题未达成协议。同年 5 月，白某找姚某索要彩礼，双方约定次日找中间人解决。当晚白某再次到姚家强行与姚某发生性关系。村治保主任陈某接姚父报案后来到姚家，白某称其两口子正办事，陈某遂告知该二人完事到村上去，后白某再次强行与姚某发生了性关系，致姚某抽搐昏迷后经抢救苏醒。

（二）争议问题

1. 案例一中，王某婚内强奸的行为是否构成强奸罪存在不同观点：

（1）王某的行为不构成强奸罪。案发时虽然法院判决准予王某与钱某离婚，但该判决尚未生效，双方的婚姻关系并未解除，夫妻关系存续期间，彼此负有同居义务，即可以视为女方对性行为的同意承诺，王某不具备强奸罪的主体要件。

（2）王某的行为构成强奸罪。案发时尽管离婚判决已经作出尚未生效，但此时婚姻关系处于非正常存续期间，不能推定女方对性行为当然具有同意的承诺，且王某两次主动起诉离婚，反映出其主观上对于双方的婚姻关系持否定态度，其主观意识里婚姻关系已然消亡。王某采用暴力手段，强行与钱某发生

---

① 陈兴良、张军、胡云腾：《人民法院刑事指导案例裁判要旨通纂》，北京大学出版社 2012 年版，第 487 页。

性行为构成强奸罪。

2. 案例二中，白某婚内强奸的行为是否构成强奸罪也存在争议：

（1）白某的行为构成强奸罪。白某与姚某虽是夫妻关系，但案发时双方已经分居，且姚某已经向白某表达了离婚请求，村委会也已经介入调解，双方的夫妻关系处于事实上的、非正常存续的状态，不能视为姚某对双方之间的性生活负有同意的义务。白某的行为违背了妇女意志，构成强奸罪。

（2）白某的行为不构成强奸罪。尽管白某与姚某已商议离婚，但从法律层面上看，双方并没有进入离婚诉讼程序，不能视为婚姻关系处于非正常的存续状态。此时，双方之间仍然负有基于自愿结婚行为产生的同居义务和对性生活的承诺，虽不经过姚某的同意，但因双方具有特定的人身关系，白某的行为不够成强奸罪。

（三）评析意见

合法的婚姻产生夫妻之间特定的人身关系，由自愿结婚的行为可以推定双方对同居和性生活的承诺，即合法的夫妻之间不存在对彼此性权利自由的侵犯。同时受传统的伦理观念的影响，一般认为夫妻对彼此负有同居义务，只要夫妻正常婚姻关系存续，可以阻却婚内强奸行为构成犯罪。然而在婚姻关系非正常存续期间，不能推定双方仍然具有伦理上的同居义务。考虑到这一问题涉及婚姻双方对彼此的同居义务，故只能从法律层面去判定是否负有该义务，不能从简单的事实层面上来论断。

案例一中，王某的行为构成强奸罪。本案中离婚判决已经作出，夫妻关系已进入法定的解决程序，双方对离婚均无争议，表明双方对婚姻关系存续的否定，即包含对同居义务的否定意愿，双方对于性行为均不具有当然同意的伦理义务。且因王某申请离婚的行为，双方的婚姻关系走向消亡，其主观意识中对于双方婚姻关系及基于此产生的同居义务持积极否定的态度，即其在实施强奸行为时明知违背钱某的真实意愿，其行为构成强奸罪。

案例二中，白某的行为不够成强奸罪。白某、姚某分居后，姚某虽然向白某提出离婚要求，但未向人民法院或婚姻登记机关提出，没有进入诉讼程序。从法律层面看，婚姻关系处于合法、正常的存续状态，双方仍然负有同居义务，相互之间对于性生活的同意承诺仍然有效，即白某不顾妻子反对，采用暴力手段强行与妻子发生性关系的行为不属于刑法意义上的违背妇女意志与妇女进行性行为，不够成强奸罪。

（四）判决情况

王某案中，法院判决认定王某与钱某不具备正常的夫妻关系，王某违背妇女意志，采用暴力手段强行与钱某发生性关系，其行为构成强奸罪。

白某案中，法院判决认定白某在与姚某婚姻关系存续期间，强行与姚某发生性关系的行为，不够成强奸罪。

十、如何认定强奸的共犯及未完成形态——甲某等人强奸案[①]

（一）基本案情

被告人甲、乙、丙、丁与被害人刘一、刘二在饭馆吃饭后，丙提议将刘一、刘二分别带走发生性关系，甲、乙等人均同意。甲、丙将刘一带至宾馆内殴打刘一，并轮流强奸刘一。乙、丁将刘二带至公园欲强奸刘二，因刘二谎称已经报警，乙、丁被迫放弃强奸计划。其间，甲两次打电话给乙，互相询问彼此在何处及进展情况如何。

（二）争议问题

1. 本案被告人甲、乙的行为是否构成共同犯罪存在以下争议：

（1）两名被告成立共同犯罪。甲、乙经事先预谋，伙同他人实施强奸行为，其行为系共同犯罪。甲参与策划并积极实施强奸行为，系主犯，乙参与策划并着手实施犯罪，系从犯。

（2）两名被告不成立共同犯罪。甲、乙的行为均构成强奸罪，且均为各自强奸犯罪中的主犯，其中甲的行为系二人以上轮奸，甲、乙虽均有与被害人发生性关系的意图，但犯意不明确，后均各自伙同他人分别实施强奸犯罪，不能认定为共同犯罪。

2. 乙、丁二人属于犯罪未遂还是犯罪中止。

（三）评析意见

1. 关于甲、乙二人是否成立共犯问题。是否构成共同犯罪，要求行为人主观上具有共同犯罪故意和客观上实施共同犯罪行为，行为人不仅具有共同犯罪故意的认识因素和意志因素，还需犯意联络，即各行为人共同实施特定犯罪行为的"合意"。本案中，甲、乙等人对丙关于将二名被害人带出去意图发生性关系的提议的认同，只能表明甲、乙都有与被害人发生性关系的意图，难以认定其具有强奸被害人的故意，更无法推定二人具有共同的强奸故意。甲、乙伙同他人分别将两名被害人带出去后与被害人发生性关系，因被害人反抗才产生强奸犯罪故意，即甲、乙的强奸犯意是不同时间、分别形成的，且双方在不

---

① 陈兴良、张军、胡云腾：《人民法院刑事指导案例裁判要旨通纂》，北京大学出版社 2012 年版，第 496 页。

同的时间、地点针对不同的侵害对象采取不同的手段各自实施强奸行为，彼此之间的强奸行为独立、分开进行，双方无协同实施犯罪的意思沟通和具体行为。尽管期间甲乙二人有电话联络，但仅为询问进展情况，并非意思沟通，不能认定为共同强奸犯罪的合意。故甲、乙在主观上不具有共同强奸两名被害人的犯罪故意，客观上各自独立实施了强奸不同被害人的犯罪行为，各自构成强奸罪，不能成立共同犯罪。

2. 乙、丁二人应认定为犯罪未遂。刑法理论通说以行为人是否自动停止犯罪来区分未遂和中止：犯罪未遂系行为人因意志以外原因而未得逞。一方面这种意志以外的原因是违背行为人本意，另一方面这种意志以外的原因足以阻止行为人的犯罪意志，作为一种客观障碍导致行为人无法继续实施犯罪。相比之下，犯罪中止是指行为人认识到客观上可能继续实施犯罪会既遂，但基于自己的意志决定放弃犯罪，不再希望犯罪结果发生。本案中，乙、丁二人应属于犯罪未遂。

（四）判决情况

法院判决认定甲、乙构成强奸罪，均为主犯，但不成立共同犯罪。乙、丁二人属于犯罪未遂。

十一、为强奸提供帮助并实施强制猥亵的行为如何评价——刘某等强奸案[①]

（一）基本案情

被告人刘某、周某、张某，被害人李某、被害人楚某某、被害人武某某六人晚饭后在宾馆开了三个房间，进入房间后，刘某先强行与李某发生性关系，后又对武某某动手动脚，欲对其实施强奸行为，三名被害人制止了其行为。周某、张某将李某、楚某某带至房间，限制其人身自由。周某欲强奸楚某某，因遭反抗未能得逞。张某负责看管李某。在武某某欲离开时，刘某也阻止其离开，并又对其再次强奸。随后三名被告人在房间对三名被害人进行看管，李某、楚某某择机欲逃离，刘某、张某出门追赶。周某留在房间内将武某某强奸，刘某追赶返回后再次将武某某强奸。张某追赶返回房间，抠摸武某某臀部，实施猥亵行为，其欲强行与武某某发生性关系，因武某某反抗强烈，对其进行踢踹、咒骂而停止。待张某离开后，刘某、周某再次对被害人武某某实施轮奸。

---

① 本文作者：任国库、张晋瑜，北京市人民检察院第一分院。

（二）争议问题

如何认定张某在本案中为他人的轮奸犯罪提供帮助并强制猥亵的行为性质，主要存在三种分歧意见：

1. 张某在帮助他人实施轮奸犯罪的同时有猥亵被害人的行为，应当以强奸罪和强制猥亵妇女罪对其定罪处罚，同时张某在共同犯罪中起的是次要作用，系从犯。

2. 张某积极参与轮奸犯罪的策划、预谋、实施并直接导致了犯罪结果的发生，在共同犯罪中起主要作用。其意欲强行与被害人发生性关系，因被害人反抗而未能得逞，其构成强奸一罪，并且是强奸共同犯罪的主犯。

3. 张某在共同犯罪中帮助追赶、看管被害人，使他人的轮奸行为得以顺利进行，其在共同犯罪中起次要作用。同时张某客观上实施了抠摸被害人臀部的猥亵行为，但其主观上是预谋强奸，并非强制猥亵，根据主客观相一致原则，张某成立强奸罪一罪，且系强奸共同犯罪的从犯。

（三）评析意见

笔者同意第三种观点，具体理由如下：

第一，张某对被害人的猥亵行为发生在强奸共同犯罪的实行过程中，其主观目的是与被害人发生性关系。

在本案中，从宾馆开房间到刘某、周某轮奸被害人，张某都全程参与，并积极看管、追赶被害人帮助轮奸犯罪的完成。后来张某对其中一名被害人武某某实施的抠摸臀部的行为是发生在整个轮奸犯罪的实施过程中的，是轮奸犯罪的继续，是整个轮奸犯罪的一个片段，张某的主观目的并非强制猥亵，而是强行与被害人武某某发生性关系。

第二，张某的猥亵行为不是实行过限，不应当被认定为强制猥亵妇女罪。虽然张某的客观行为是强制猥亵，但根据猥亵行为发生的时间、地点以及张某在整个轮奸犯罪中的角色、作用，可以判定张某在该行为中的主观故意并没有超越强奸共同犯罪的故意范围。其主观上仍是意欲与被害人发生性关系，应当以强奸罪定罪处罚。

第三，张某对其他人的轮奸行为起了帮助性的作用，但仍是实行犯，只是相对于主犯其在共同犯罪中所起的作用较小，属于实行犯中的从犯。为保证刘某和周某轮奸行为的顺利实施，张某积极帮助限制被害人的人身自由，为轮奸犯罪行为的实施提供一定的便利条件。但因为张某在帮助过程中也意图实施强奸，只是由于被害人反抗等意志以外的原因未遂，其行为与同案的刘某、周某的强奸行为具有共同性。因此张某不是单纯的帮助犯，属于实行犯的从犯。

（四）判决情况

法院判决认定张某参与阻拦、看管被害人以帮助刘某、周某轮奸，并欲实施强奸行为，因被害人的反抗而中止，张某犯强奸罪。

十二、借"业务行为"帮助强奸的认定——李某某强奸案

（一）基本案情

2009 年 12 月 31 日凌晨，李某搭载堂兄李某某在温州火车站附近遇到愿意拼车的被害人（女，15 岁）。途中，李某某欲对被害人实施强暴，在听到被害人呼救和停车的要求后，李某出言劝阻了几句，但受到李某某的威胁。后李某告知被害人其目的地已接近了。结果，李某某却叫李某按照其要求继续驾驶，李某便开车绕道行驶。原本 10 分钟的路程，但李某开了 30 分钟，在此期间李某某的强奸行为得逞。

（二）争议问题

本案主要存在以下三个问题：

1. 在实行过程中，"冷漠的哥"唯一的行为，即开出租车，但途中在实行犯的威胁下故意将车绕道行驶，拖延被害人下车时间，最终强奸行为完成，是否使得原本无害的开车行为性质发生转变。

2. 本案中"冷漠的哥"驾驶出租车的过程中对发生在其车内的强奸行为置之不理，并且拉长车程从某种程度上促进强奸行为的完成。这样的行为究竟是积极的作为抑或消极的不作为。

3. 出租车司机与乘客之间存在民法意义上的运输合同关系。根据《合同法》，无法直接得出出租车司机对本车内发生的犯罪行为具有法律上的阻止义务。那么，"冷漠的哥"对发生于本车内的强奸不予制止的行为是否应该受刑法上的评价。

（三）评析意见

笔者认为，当"的哥"听到被害女孩呼救时，曾出言劝阻过，但是受到训斥和威胁后，"的哥"便不再出声。他的默不作声对危害结果是持否定态度的。"的哥"不希望危害结果的发生的看法是正确的，但也并非坚决反对危害结果的发生。"的哥"明知正在实施强奸被害女孩的行为，并且也明知该行为的社会危害性。他的不闻不问以及故意拖延被害人下车时间显然是对实行犯的一种助力。同时"的哥"对自己的行为造成的后果虽没有主动地追求，但也没有坚决地反对，在明知会造成危害后果的前提下，应当成立故意。

由于行为人先前实施的行为，致使刑法保护的利益处于危险状态下，从而先行行为人必须排除这种危险。本案中"的哥"先搭载李某某，后又搭载了被害女孩。由于出租车行业一般禁止拼车，因此，"的哥"允许两名不认识的乘客拼车的行为是将乘客的安全置于危险状态下的行为，可以被认为是先行行为，从而"的哥"负有必须阻止犯罪的义务。综上可见，"冷漠的哥"有保障人的身份，因此具备了成立不作为帮助犯的前提条件。

"冷漠的哥"虽然没有主动帮助李某某"掐脖子、捂嘴巴"制止被害人的反抗，但是"的哥"也没有阻止侵害，看似"消极"的"置之不理"，实际上产生了强化正犯者决意的作用，甚至有共谋共同正犯的可能性。一旦被认定为作为意义的共犯，即使保障人的地位与作为义务没有得到认定，也不妨碍其被处罚。

（四）判决结果

法院以强奸罪判处李某有期徒刑两年。

十三、伙同无刑事责任能力人轮奸应如何定性——李某强奸案①

（一）基本案情

被告人李某伙同未成年人申某（时龄 13 岁）将幼女王某（时龄 8 岁）领到玉米地，对王某轮流实施强奸行为。

（二）争议问题

与不满 14 周岁的未成年人轮流地实施强奸行为，是否以轮奸情节予以处罚存在不同观点：

1. 不应以轮奸论处。参与人申某因不满 14 周岁被排除在犯罪主体之外，二人不构成强奸共同犯罪，故轮奸情节不能成立。

2. 应当以轮奸论处。申某虽不满 14 周岁依法不负刑事责任，但不能否认其犯罪行为的存在，二人客观上对同一幼女轮流实施了犯罪行为，因此即使申某不负刑事责任，李某仍构成强奸罪，且属于"轮奸"。

（三）评析意见

笔者赞同第二种观点，即李某的行为构成轮奸。第一，轮奸是指两个以上的行为人基于共同认识，在一段时间内，先后连续、轮流地对同一名妇女

---

① 陈兴良、张军、胡云腾：《人民法院刑事指导案例裁判要旨通纂》，北京大学出版社 2012 年版，第 481 页。

（或幼女）实施奸淫的行为。轮奸作为强奸罪的一种情形，其认定关键是看是否发生上述事实，并不要求实施轮奸的人之间必须构成强奸共同犯罪。第二，本案被告人具有伙同他人在同一段时间内，对同一幼女，先后连续、轮流地实施犯罪行为的认识和共同行为，应认定其具备轮奸这一事实情节。第三，立法者规定了轮奸这一量刑情节，表明立法者认为轮奸比单独实施的强奸犯罪更为严重，对被害人的危害更大。如果坚持参与轮奸的人都必须具备犯罪主体的一般要件，否则就不认定为轮奸，显然既不利于打击犯罪分子，也不能有力地保护被害人的合法权益，有违立法本意。因此，应认定李某的行为属于强奸，且属于轮奸。

（四）判决情况

法院判决认定李某犯强奸罪，属于轮奸。

十四、如何理解"意志以外的原因"——郑某强奸案①

（一）基本案情

被告人郑某与被害人李某系同事，关系较好。某日，两人偶遇，郑某将李某邀至其家中让李某教其跳舞，因舞步不协调，李某不跳了，郑某乘机亲了李某的脸一下，并问李某爱不爱其，李某回称不爱，后郑某手摸李某乳房，将李某按倒，李某要出屋，郑某不让并将门关上。

后郑某拽断李某裤带，李某呼喊"来人啊"，但声音不大，李某骂郑某"真他妈不是人"，郑某连忙松手，跪地求饶，求李某别告发，李某答应只要郑某不这样，就不告，后郑某把门窗打开，并将李某送回家。案发后，郑某供述其将李某裤带拽断后心想强奸了以后不好见面还得进法院，随即求饶，李某也证实称郑某见其喊和骂他就求饶了，其喊骂的声音不大。

（二）争议问题

本案关于被告人行为的未完成形态的认定存在以下争议观点。

1. 被告人成立强奸未遂。郑某邀李某至其住处，后一再调戏、猥亵，具有强奸李某的目的。虽然李某一再反抗，但郑某又进一步强行将李某按倒在地、拽断李某裤带要强奸，由于李某竭力反抗、叫骂，郑某基于意志以外的原因被迫停止了犯罪活动，属犯罪未遂。

2. 被告人成立强奸中止。郑某对李某调戏、猥亵，其目的要强奸李某，

---

① 严励：《刑法案例教程》，法律出版社 2006 年版，第 125 页。

而案发地系郑某的住处，门窗紧闭，李某的呼喊声较小，窗外很难听见。客观上郑某可以将强奸李某的行为实施完毕，但其经过思想考虑，放弃了强奸李某的意图，并停止了犯罪行为，属犯罪中止。

（三）评析意见

被告人郑某的行为成立强奸中止。犯罪中止与犯罪未遂的主要区别在于行为人是否因为意志以外的原因而停止犯罪。如果行为人出于自己的主观意志自动放弃犯罪，成立犯罪中止，反之，构成犯罪未遂。究其根本，在于如何理解"意志以外的原因"，通说认为意志以外的原因包括两个特征：在质上，指违背犯罪人犯罪意志的原因，与犯罪人积极追求危害结果的主观意志相矛盾；在量上，必须是足以阻止犯罪达到既遂状态的各种主观客观因素。

本案中，郑某将李某邀请至其住处，实施了一系列的调戏、猥亵行为，其具有强奸李某的犯罪目的，但其最终停止实施了强奸行为。结合案发地为郑某个人的、与外界隔离的住处的特征，郑某的犯罪行为受到外界因素的干扰的可能性不高；且郑某的供述、李某的陈述均证实案发时李某的呼喊声不大，窗外很难听见，实际上经李某呼喊亦无人前来。故客观上存在郑某将犯罪进行到底的可能，且对于该既遂的可能性，郑某主观上也是清楚的，其碍于强奸后不好与李某见面，又惧怕承担刑事责任，经过思想斗争，继而自动、有效地停止实施强奸犯罪。故可以认定郑某系基于自己的意志而放弃进一步实施犯罪，非系意志以外的原因，故其成立强奸中止。

本案犯罪中止，可不追究刑责。

十五、强奸中止与未遂——张某强奸案[①]

（一）基本案情

被害人贺某凌晨搭乘被告人张某驾驶的出租车，被告人开车将被害人带至一公园，欲与其发生性关系，遭被害人拒绝后，张某强行抚摸被害人胸部，欲发生性关系，因贺某奋起反抗未能得逞。后张某驾车送贺某回家。

（二）争议问题

本案存在的争议：被告人的行为是强奸中止还是未遂，区分的关键在于其放弃强奸行为是否"基于自己的意志"。

1. 成立强奸未遂。被告人放弃犯罪是基于被害人奋力反抗这种"意志以

---

① 张耕：《刑事案例诉辩审评——强奸罪　拐卖妇女儿童罪》，中国检察出版社 2005 年版，第23—30 页。

外的原因"，而不是"基于自己的意志"，所以是犯罪未遂。

2. 成立强奸中止。被告人基于被害人的反抗、请求和谴责，在有条件继续实施犯罪的情况下，自动放弃犯罪，所以是犯罪中止。

（三）评析意见

笔者同意第二种观点，区分放弃强奸行为是否"基于自己的意志"，有以下三种观点：

1. 主观说：能达目的而不欲，是中止；欲达目的而不能，是未遂。中止的动机不要求一定出自道德的醒悟，只要是自发、积极地放弃犯罪就可以成立中止。

2. 客观说：一般人不会在这种情况下放弃犯罪行为，而行为人放弃了，就构成中止。如果一般人在这种情况下也会放弃犯罪行为，就构成未遂。

3. 折中说：行为人面对障碍时，根据一般的经验法则客观地判断此行为人是否处于想继续实行就可以实行的状况。如果可行，而行为人放弃实行，就成立中止；如果不能实行，则成立未遂。

运用以上观点对本案进行分析如下：

被害人进行反抗、请求、质问，但时间是早上4点钟，天色尚暗，行人稀少，被害人无法打开车窗，处于封闭空间，对被告人遂行犯罪是很有利的。

按照主观说，被害人的喊话、反抗会给被告人带来伦理上的外部障碍，但是被告人从心理上和物理上仍能继续实施犯罪行为。被告人放弃实施犯罪行为，确是一种自发的停止，所以构成中止。

按照客观说，法官会根据同类的强奸案判断，一般人听到被害人的质问都不会停止犯罪行为，而本案的被告人基于自己的意志停止了，是中止。

按照折中说，本案被告听到质问后仍然处于想继续实施就可以实施的状态，所以是中止。

综上，笔者认为本案构成强奸罪中止。

（四）判决情况

一审法院判决认定被告人张某犯强奸罪，判处有期徒刑3年。

二审法院判决认定被告人张某犯强奸罪（中止），免于刑事处罚。

十六、如何认定强奸中止的自动性——陈某等强奸案①

(一) 基本案情

某日中午，被告人陈某、张某与被害人卓某一同外出游玩，陈某提出将卓某奸淫，因故未实施。17 时许，三人饭后，陈某与张某预谋奸淫卓某，后张某将门从外面关上，陈某趁机手摸卓某乳房，卓某反抗并大声指责，后卓某拍门要回家时，正遇外人将门打开，卓某跑出。后两名被告人在载卓某回家的途中，手摸卓某的乳房、腿部，被卓某推开。行至堤岸东门时停下，张某在一旁等候，陈某欲强奸卓某，卓某极力反抗，称若被强奸则自杀，其母亲也会报警，陈某随即停手，与张某一同将卓某送回。

(二) 争议问题

本案两名被告人的行为是否成立犯罪中止存在以下争议：

1. 两名被告人成立犯罪中止。两名被告人因惧怕被害人卓某的母亲报警而自行放弃犯罪，且系出于其主观自愿而主动作出的决定，没有实现犯罪结果并非是被告人意志以外的客观原因所致，属于强奸中止。

2. 两名被告人成立犯罪未遂。两名被告人在着手犯罪后，由于意志以外的原因没有得逞，客观上，被害人反抗并以"要自杀，母亲报警"等言语周旋，使被告人思想上有了顾虑，受到压抑，符合未遂的条件，属于强奸未遂。

(三) 评析意见

两名被告人成立犯罪中止。刑法学界通说认为犯罪中止的自动性指行为人出于自己的意志而放弃了自认为当时本可以继续实施和完成的犯罪。在符合以上质的要求下，对行为人自动终止犯罪的动机及起因应作广义的理解：不限于真诚悔罪，也不一概排斥存有客观不利因素的情况。

本案中，两名被告人预谋强奸被害人，并着手实行犯罪，但当卓某称要自杀，且其母亲会报警时，陈某即停止犯罪，并与张某一起将卓某送回，该情形下，对陈某而言，卓某的言语并不足以阻止其继续实施强奸行为，其完全有条件、有可能完成犯罪。但陈某因惧怕承担法律责任，慑于法律的威严，在明知可以继续实施犯罪的情况下，仍自动放弃犯罪，不存在意志以外的原因，其与张某均应认定为犯罪中止。

(四) 判决情况

法院以强奸罪 (中止) 对两名被告人判处刑罚。

---

① 严励：《刑法案例教程》，法律出版社 2006 年版，第 132 页。

十七、共同强奸一人既遂其他未遂如何认定——郭某等强奸案①

（一）基本案情

郭某、郭某某在住处对被害人王某（女，16 岁，轻度精神发育迟滞，无性自我防卫能力）有摸乳房、亲嘴等不正当行为，后被告人王某某加入，三被告人商定与王某发生性关系。其间，郭某某插门，郭某关灯，王某某将王某抱到床上，三被告人对被害人王某实施摸、亲等行为，王某存在反抗行为。王某某第一个与被害人发生了性关系，郭某因自身原因而未得逞，后被告人王某某再次与被害人发生性关系，郭某某亦因自身原因而未能得逞。其后，三被告人又对被害人实施了亲、摸、舔等行为。

（二）争议问题

关于共同强奸犯罪中仅一人既遂能否认定为轮奸，主要存在以下三种意见：

1. 本案系共同犯罪，根据"部分行为整体责任，一人既遂全部既遂"的共犯理论，在其中一名被告人强奸既遂的情况下，应当将三名被告人的行为都认定为犯罪既遂，且构成轮奸犯罪，都应承担轮奸既遂的刑事责任。

2. 只有一人强奸既遂，其余二人均为强奸未遂，故不构成轮奸。应当按各自的犯罪行为，以强奸罪的基本犯的规定定罪处罚。

3. 三名被告人的行为构成轮奸犯罪，部分被告人强奸未遂的情节，应作为量刑情节予以评价。

（三）评析意见

笔者倾向认同第三种意见，具体理由如下：

第一，轮奸情节的认定以符合强奸罪的基本构成，而不是以强奸既遂为前提。对于轮奸犯罪情节的认定，应当以行为人的犯罪行为是否符合强奸罪的基本构成为前提，而不是全部实行共犯是否均达既遂。本案中，多人共同实施强奸且只有一人得逞的情况，显然符合强奸罪的基本构成。

第二，"二人以上"、"轮流"是判断轮奸情节的客观标准。对于作为客观事实情节的轮奸，并不要求所有实行犯均达既遂，它强调的是行为事实的客观存在，而非行为的既遂或未遂。在一人强奸既遂，另一人强奸未遂的情况下，认定系采用胁迫手段轮流与同一妇女发生性关系，符合法律规定的"二人以

---

① 本文作者：张红星，北京市房山区人民检察院。

上轮奸的"情形。

第三，轮奸犯罪也有既遂与未遂之分。轮奸中一人因自身意志以外的原因没有完成，应以轮奸未遂处理。

第四，强奸未遂应作为重要的量刑情节予以评价。对共同犯罪的处理，虽然实行"部分实行、全部责任"的原则，但在量刑的定量分析时，还是要结合每个犯罪人的具体情况予以区别对待。本案三名被告人在共同奸淫犯罪故意的支配下，分别实施了轮流奸淫同一妇女的行为，符合轮奸情节的认定标准。同时，根据刑法总则关于未遂犯的处理原则，对未遂犯郭某、郭某某的量刑，比照强奸既遂的被告人王某某从轻或减轻处罚。

（四）判决情况

法院判决认定，被告人王某某、郭某、郭某某采取暴力、威胁手段，违背妇女意志轮奸无性自我防卫能力妇女，其行为均已构成强奸罪。被告人郭某、郭某某由于意志以外的原因而强奸未逞，是犯罪未遂，依法减轻处罚。

十八、强迫卖淫罪既遂与未遂的认定——甲某强奸案[①]

（一）基本案情

被告人甲、乙、丙、丁四人经预谋后，窜至某市中学附近，将放学回家的女学生叶某挟持至某医院附近，采取殴打、威胁等手段，强迫叶某到该市某大酒店附近进行了卖淫。后四人获赃款五千元。

数日后，四名被告人经预谋后，将路经某宾馆的女学生宗某挟持至该宾馆房间内，采取殴打、威胁等手段，将宗某带至嫖客房间内强迫其卖淫。但因嫖客得知宗某是被强迫而来且未成年，未与宗某发生性关系。

数日后，四名被告人又窜至某中学，拉住女学生贺某，以暴力相威胁，强迫贺某去进行卖淫活动，但途中被该校校长发现，四人遂逃离现场。

（二）争议问题

本案在审理过程中，对四名被告人的行为构成强迫卖淫罪以及第一次强迫卖淫的行为构成犯罪既遂均无异议。但对四被告人第二、三次强迫他人卖淫的行为是既遂还是未遂存在争议：

1. 第二、三次强迫卖淫的行为均属于犯罪未遂。理由是，强迫卖淫罪构成既遂不但要具备强迫他人卖淫的行为，而且要发生被强迫卖淫的结果，即被

---

① 严励：《刑法案例教程》，法律出版社 2006 年版，第 490 页。

害人"被迫就犯"。

2. 对第二次强迫卖淫的行为应认定为既遂，而对第三次强迫卖淫行为应认定为未遂。理由是，在第二次强迫卖淫行为过程中，虽然嫖客拒绝与被害人发生性关系，但被告人强迫卖淫的行为已经实施完毕，故不影响既遂的认定。而在第三次强迫卖淫的过程中，虽然对被害人实施了暴力手段，但被害人并没有被迫随其到达卖淫地点，被告人的犯罪行为因被校长及时制止这一意志以外的原因而未得逞，应认定为未遂。

3. 强迫卖淫罪是行为犯，只要行为人实施了强迫他人卖淫的行为即构成该罪，客观上是否出现他人卖淫的结果不影响既遂成立。故三次行为均构成强迫卖淫罪既遂。

（三）评析意见

笔者同意第二种观点。本案涉及强迫卖淫罪的既遂和未遂的区分标准问题，而犯罪既遂与未遂的区分标准又与行为犯与结果犯的区分标准有关。通说认为，行为犯是指以法定的犯罪行为的完成作为既遂标志的犯罪。行为犯的既遂，并不要求造成物质性的和有形的犯罪结果，而是以行为完成为标志。但是这些行为不是一着手即告完成。按照法律的要求，这种行为要有一个实行过程，要达到一定程度，才能视为行为的完成。结果犯是必须发生法定的犯罪结果才构成既遂的犯罪。由此可见，对行为犯与结果犯的区分是以犯罪既遂是否要求发生物质性犯罪结果为标准。

根据以上标准，强迫卖淫罪应认定为行为犯。理由有二，一是刑法第358条并未明确规定强迫卖淫罪必须以发生卖淫结果为构成犯罪既遂的必要条件；二是结果犯所要求的结果，是法定的犯罪结果，而不是其他的什么后果。"他人因被迫而已经卖淫"对于强迫卖淫罪来说，是强迫卖淫罪的一种后果，但不是法定的犯罪结果。因为被害人是否已经完成卖淫不影响强迫卖淫罪的成立。

强迫卖淫罪虽然属于行为犯，但该行为的发展有一个过程，它必须达到一定程度时才能构成犯罪既遂。强迫卖淫罪一个完整的过程，一般应当包含"行为人对他人实行暴力、威胁或者其他强制手段的行为"、"被强迫人精神受到强制"和"被强迫人被迫开始卖淫行为"三个阶段。只有完成这三个阶段才构成犯罪既遂。如果"行为人对他人实行暴力、威胁或者其他强制手段的行为"，但由于意志以外的原因在"被强迫人被迫开始卖淫行为"之前就停止，则是强迫卖淫罪的未遂。

本案中，四名被告人第二次强迫他人卖淫的行为，不仅采取了暴力手段，而且还将被害人带到卖淫地点交给嫖客，这表明被害人已经被迫开始卖淫行为，故该行为构成强迫卖淫罪既遂。而四人第三次实施强迫他人卖淫的行为，却因被害人在被迫去卖淫的路上而被其学校校长发现，这一犯罪人意志以外的原因出现而被迫停止下来，故只构成犯罪未遂。

（四）判决情况

法院判决认定甲、乙、丙、丁四人均构成强迫卖淫罪，按照四被告人的犯罪情节分别判处其刑罚。

十九、强奸与他罪同时造成一加重结果应如何量刑——刘某强奸案①

（一）基本案情

被告人刘某劫持被害人唐某至租住地后，穿插使用暴力殴打、持刀威胁、竹签针扎等手段逼迫唐某写下 20 万元欠条，期间 2 次违背唐某意志强行与唐某发生性关系。唐某终因无法忍受跳楼，致重伤。

（二）争议问题

1. 穿插实施多种多次暴力犯罪，致使被害人逃离过程中造成重伤，行为人是否应当对重伤以上后果承担责任？

2. 如果多种多次暴力行为分别构成不同犯罪，是否应当将该后果在各犯罪构成中分别予以评价？

（三）评析意见

1. 行为人未停止暴力侵害的情况下，即使是被害人的介入行为直接导致其人身伤害后果，也不完全中断行为人的暴力侵害行为与人身伤害后果之间的因果关系，行为人应当承担伤害后果的责任。

刑法上的因果关系是特定条件下一种不以人的意志为转移的客观联系。由于因果关系的复杂性，现实中存在多因一果、一果多因等复杂情形。在因果关系的发展进程中，如果介入了第三方因素，如被害人行为，则应当在进一步考察行为人的行为是否合乎规律的引发犯罪结果的发生、介入因素与行为人的行为的关联程度、介入因素是否异常以及对结果发生的原因力大小等基础上，判断行为人的行为与危害结果之间是否存在刑法上的因果关系。

本案中，唐某独自面对身体素质远强于自己的刘某，在刘某的不断暴力伤害情况下，其跳楼逃离的行为符合常识、常情。换言之，刘某的暴力侵害行为与唐某的跳楼逃离行为之间存在必然的关联性，由此造成的被害人重伤后果与

---

① 最高人民法院刑事审判一至五庭主办：《刑事审判参考》，法律出版社 2013 年版，第 39 页。

刘某暴力行为之间存在直接的因果关系。刘某应当对唐某逃离过程中造成的重伤后果承担责任。

2. 多次暴力行为造成被害人伤害后果的，如果多次暴力行为分别构成不同犯罪，可将该后果在各犯罪构成中分别评价。

本案中刘某一直未停止暴力侵害行为，两次强奸也发生在抢劫过程中穿插实施，行为人多次暴力行为对被害人身心影响相互叠加，唐某逃离的目的既是为了避免性侵害，也是为了避免被劫取财物。唐某的重伤后果与刘某的抢劫、强奸行为都有直接的因果关系，其重伤后果在强奸和抢劫中分别评价，不属于禁止重复评价的情形。

（四）判决情况

本案经某省高级人民法院终审维持了对刘某犯抢劫罪判处无期徒刑，剥夺政治权利终身，并处没收个人全部财产；犯强奸罪，判处有期徒刑十年，剥夺政治权利一年；两罪并罚，决定执行无期徒刑，剥夺政治权利终身，并处没收个人全部财产。

二十、强奸未遂和强制猥亵的区分与认定——李某强奸案[①]

（一）基本案情

被告人李某在路边拦劫被害人池某，以"不给钱就弄死你"相威胁，向池某索要人民币3万元，随后又以暴力、胁迫手段对池某实施搂抱、抠摸，当被告人李某挟持池某欲离开现场时，被途经此处的群众抓获。

（二）争议问题

对李某以实施暴力相威胁，当场强行劫得被害人3万元人民币的行为构成抢劫罪，不存疑义。但对李某随后实施的搂抱、抠摸行为是定强制猥亵妇女罪还是强奸罪（未遂）则有分歧意见，司法实践中也经常遇到这一问题，即强奸未遂与强制猥亵妇女应如何区分？

（三）评析意见

强制猥亵妇女罪与强奸罪（未遂）在构成要件上有不少相同之处：都侵犯了妇女的身心健康；犯罪对象都是14周岁以上的女性；都使用了暴力、威胁或其他手段；都违背了妇女意志；这些暴力、威胁行为可能都表现为搂抱亲吻、抠摸，甚至将妇女压倒等行为；主观方面都是直接故意。

---

① 陈兴良主编：《刑法疑案研究》，法律出版社2002年版，第197页。

两罪的区分也是明显的：（1）犯罪客体不同。强奸罪侵犯的客体是妇女拒绝与配偶以外的男子发生性交的权利。强制猥亵妇女罪侵犯的客体则是妇女拒绝进行性交以外的不符合善良风俗的性行为的权利。（2）犯罪客观方面不同。强奸罪在客观方面表现为以暴力、威胁或者其他手段强行与妇女性交的行为；强制猥亵妇女罪在客观方面则表现为以暴力、威胁或者其他手段实施性交以外的猥亵行为。（3）犯罪主体不同。强奸罪的实行犯仅为男性，女性只能成为帮助犯或者教唆犯，不能成为实行犯；强制猥亵妇女罪的主体则没有这种区分，男性和女性都可以成为实行犯。（4）犯罪主观方面不同。强奸罪在主观上具有强行与妇女发生性交的目的；强制猥亵妇女罪则不具有此目的，而是为了通过性交以外的性行为达到满足性欲的目的。

我们认为，区分两罪的关键在于查明行为人主观上是否具有强奸的故意，客观上是否具有强奸行为。强奸罪无论既遂还是未遂，行为人在主观上都具有违背妇女意志强行与之性交的故意和目的。客观上则表现为使用暴力、威胁或者其他手段等强制性措施侵犯妇女人身权利而与之性交，是主观上的强奸故意与客观上的强奸行为的有机统一。如果具有奸淫的目的，可以把对被害妇女搂抱、抠摸的动作视为是发生性行为的前奏。尽管未及实施性行为，也应当视为强奸未遂。强制猥亵妇女的行为人主观上具有寻求性刺激的猥亵故意，而不是违背妇女意志强行与妇女性交的故意。在某些情况下，该罪的行为人可能具有奸淫妇女的故意，但绝不具有违背妇女意志的强行奸淫妇女的故意。因此在实践中，一定要查明行为人是否具有奸淫妇女的故意。如果有奸淫故意，还要查明行为人实现该故意的手段是否系暴力、威胁或者其他手段。

从实践中看，判断行为人是否具有强奸故意，除了听取被告人口供和被害人的证言以外，可以从以下几个方面来考察：（1）犯罪的时间、地点；（2）被告人实施犯罪时的意思表示，即是否向被害人提出了发生性关系的要求；（3）被告人的行为方式及其程度；（4）未发生性关系的原因，是被告人根本未提出此项要求还是提出以后，由于被害人"求饶"而打消了邪念或是由于遭到了被害人的痛斥而放弃了邪念，抑或是由于被害人的强烈反抗或其他意志以外的原因而未得逞。综合上述因素，就会对案件的全貌有客观全面的了解，从而对被告人是否具有强奸故意作出正确的判断。

（四）判决情况

检察机关以抢劫罪、强制猥亵妇女罪起诉被告人李某，但法院最终以抢劫罪、强奸罪（未遂）两罪并罚，决定执行有期徒刑9年，罚金5000元。

第二节　性侵害犯罪案件的特殊证明

对于性侵害案件，刑法有关条款分别规定了加重处罚的情节，如《刑法》第236条第3款规定，强奸妇女、奸淫幼女，有下列情形之一的，处十年以上有期徒刑、无期徒刑或者死刑：（一）强奸妇女、奸淫幼女情节恶劣的；（二）强奸妇女、奸淫幼女多人的；（三）在公共场所当众强奸妇女的；（四）二人以上轮奸的；（五）致使被害人重伤、死亡或者造成其他严重后果的。按照第237条第2款、第3款规定，聚众或者在公共场所当众犯强制猥亵、侮辱妇女罪，处五年以上有期徒刑。聚众或者在公共场所犯猥亵儿童罪的，依照前款规定从重处罚。在办理案件过程中，如果适用上述一些条款，那么，就在基本犯的基础上对公诉人提出了更进一步、更特殊的证明要求。

一、强奸妇女、奸淫幼女情节恶劣

关于何为情节恶劣，目前没有司法解释予以细化规定，需要结合具体情况加以判断。一般从行为人作案手段的恶劣程度以及侵害对象的特殊性来考虑（后果严重也可以说是情节恶劣，但法条已经作了专门列举）。如按照王作富的解释，"情节恶劣"主要是指行为人利用十分残忍的暴力手段如捆绑、吊打、猛力卡压妇女等对妇女、幼女身体实施强制或者在强奸过程中以十分下流的手段肆意蹂躏妇女，如强迫妇女、幼女吸吮自己的生殖器、用木条插捅女性阴道等，或者对特殊对象如孕妇、重病妇女等实施强奸或者长期多次强奸某一女性等[①]。这一解释可供实务中参考，不过王作富认为强迫妇女吸吮自己的生殖器的行为（即强迫口交行为）也属于情节恶劣。但笔者认为，毕竟这一条款法定刑为十年以上有期徒刑，行为的严重程度应当与受到的刑罚严重程度相适应；不仅如此，考察和判断手段的严重程度也需要考虑社会观念和行为方式的变化，因此这种观点不够妥当。从办理此类案件的实践来看，即便证据表明行为过程中行为人有强迫被害妇女为其口交的行为，一般不将之作为情节恶劣加以考虑。

另外，需要注意的是，按照刑法的文字表述，在公共场所强奸妇女的，适用第236条第3款第3项的规定，但在公共场所当众奸淫幼女的，应适用第

---

① 王作富主编：《刑法分则实务研究》（中），中国方正出版社2013年第5版，第767页。

236 条第 3 款第 1 项认定为"奸淫幼女情节恶劣"①。

"强奸妇女、奸淫幼女情节恶劣"这一项主要是从行为客观方面提出的特殊证明，主要参考被害人陈述、犯罪嫌疑人供述、有关作案工具以及反映被害人特殊情况以及伤情等方面的证据。

二、强奸妇女、奸淫幼女多人

"多人"是指 3 人或 3 人以上。"强奸妇女、奸淫幼女多人"不包括多次对同一女性实施的奸淫，应当是行为人在不同时间、空间内针对不同被害人分别实施强奸、奸淫行为。行为人既强奸妇女，又奸淫了幼女的，幼女和妇女的人数应当合计计算。从证明的角度，一般而言，如果能够完成对每一起具体强奸案件事实的证明，就可以完成对于强奸妇女、奸淫幼女多人的证明。当然，需要注意的是，在共同犯罪中，如果主犯只对一名女性实施了奸淫，而从犯分别奸淫了另外的女性，那么依照刑法的规定，对该主犯应当按照其所参与的或组织、指挥的共同犯罪中被害人实际人数之和予以处罚，对从犯只对自己亲自奸淫女性的人数负责②。因此，这方面的事实还需要进一步结合证明犯罪嫌疑人之间主从犯身份以及具体实施行为的客观证据加以认定。

三、在公共场所当众实施性侵害

刑法之所以将公共场所当众实施犯罪与一般的犯罪区别开来并从重处罚，就是因为这种行为的危害性要远远超过没有其他人在场情形下实施的犯罪行为。在公共场所当众强奸妇女，强制猥亵、侮辱妇女或者猥亵儿童，其行为不仅严重侵害了被害人的身心健康，也严重危害了公共秩序。

关于如何理解"在公共场所当众"，有观点认为，"在公共场所当众"有两个要件：一是犯罪行为的地点必须是公共场所，即相对开放，为不特定多数人自由出入的空间。如果在相对封闭的空间犯该罪，则不宜认定为公共场所。二是"当众"应当理解为当着三人以上的面。这里的三人一般应当理解为除犯罪行为人以外的不特定人员③。按照最高人民法院等联合发布的《关于依法惩治性侵害未成年人犯罪的意见》第 23 条的规定，在校园、游泳馆、儿

---

① 张明楷：《刑法学》（第 4 版），法律出版社 2011 年版，第 783—784 页。

② 王作富主编：《刑法分则实务研究》（中），中国方正出版社 2013 年第 5 版，第 768 页。

③ 参见李生龙：《当前刑事审判工作中需要明确的几个问题》，这是重庆市第一中级人民法院副院长在讲话中就某些具体法律适用问题提出的指导意见 http://cqyzy.chinacourt.org/article/detail/2009/06/id/980185.shtml。

童游乐场等公共场所对未成年人实施强奸、猥亵犯罪，只要有其他多人在场，不论在场人员是否实际看到，均可以依照《刑法》第236条第3款、第237条的规定，认定为在公共场所"当众"强奸妇女，强制猥亵、侮辱妇女，猥亵儿童。因此，实践中公诉人在办理案件中需要运用证据证明性侵行为客观上发生在公共场所以及案发时有多人在场，而不必过多考虑犯罪嫌疑人主观上是否明知他人看见，或者他人是否明确看见。这样有利于加强对该类行为的打击处罚力度，更好地保护性侵害案件被害人的利益。一般可参考如下证据：被害人陈述、案发场所证人证言、监控录像、有关单位就案发场所是否对外开放等出具的证明等。

四、二人以上轮奸

轮奸是指两个以上男子出于共同的奸淫认识，在同一段时间内，轮流奸淫同一妇女的行为。与普通强奸案件相比，认定轮奸犯罪有以下特殊的证据要求：

1. 在犯罪主体方面，需要调取不同犯罪嫌疑人的主体身份证明。需要指出的是，轮奸是一项共同的事实行为，轮奸人之间经常表现为强奸共同犯罪，但是也不排除特殊情形。实践中，已满14周岁的人与不满14周岁的人轮流奸淫同一幼女的，也应当对该已满14周岁的人认定轮奸①。

2. 在犯罪主观方面，需要证明犯罪嫌疑人之间具有轮奸的故意，主要参考以下证据加以证明：犯罪嫌疑人、同案犯供述和辩解，被害人陈述，有关证人证言，辨认笔录，书证、物证以及其他有助于判断主观故意的客观事实。由于轮奸需要确定参与犯罪的人员主观上均有轮奸的故意，因此在调取相应证据时，应当注意区分轮奸与无轮奸故意而先后强奸的情形。如马某某、赵某强奸一案中，马某某在酒店客房强奸前同事王某某，同房内的赵某也多次意图与王某某发生性关系，但均被马某某制止。后马某某暂离酒店买早点，赵某趁机将王某某强奸。本案最终起诉时未认定轮奸情节，法院也支持了公诉意见。

3. 在犯罪客观方面，需要证明各犯罪嫌疑人在行为过程中的具体作用和时间先后、行为的既遂未遂情况、未完成犯罪的原因等。需要注意的是，尽管在理论上存在一定争议，实践中很多辩护人也经常提出一人既遂、一人未遂的不是轮奸，但司法实践中一般坚持，各行为人只要实施了强奸的实行行为就应认定为具有轮奸情节，而不以各行为人均完成强奸行为为必要。换句话说，轮

---

① 参见《刑事审判参考》第280号李尧强奸案，载《中国刑事审判指导案例三·侵犯人身权利、民主权利罪》，法律出版社2009年版，第401页。

奸这一强奸罪的加重处罚情形本身没有独立的既遂未遂问题。认定既遂、未遂时，只要其中一名行为人完成强奸既遂，对于其他共犯，无论其为帮助犯、教唆犯、组织犯还是共同实行犯，都按照强奸既遂论，并按照轮奸情节予以处罚①。当然，量刑时需要区别对待对于其中未完成强奸行为的，可酌情予以从轻处罚②。

五、强奸致使被害人重伤、死亡或者造成其他严重后果

强奸致使被害人重伤、死亡或者造成严重后果的情形，是针对强奸行为造成的后果，从而在量刑上予以加重。对此，需要证据证明：

1. 被害人案发后有重伤、死亡或者其他严重后果。其中，强奸致人重伤、死亡，是指因强奸妇女、奸淫幼女导致被害人性器官严重损伤，或者造成其他严重伤害，甚至当场死亡或者经治疗无效死亡③。其他严重后果，是与"重伤、死亡"的危害程度相当的其他严重后果。如多次强奸未成年女性，致其堕胎辍学，遭受严重精神打击，可以认定为其他严重后果④。这一方面主要参考以下证据，如诊断证明书、病历、检查报告单、死亡证明书、伤残鉴定、尸体检验报告以及其他证明案发后果的证据等。

2. 被害人重伤、死亡或者其他后果与强奸行为存在刑法上的因果关系，否则可能会单独成立其他犯罪（如强奸以后杀人应当以强奸罪、杀人罪数罪并罚）。具体而言，被害人的伤亡结果必须是犯罪嫌疑人在强奸过程中使用的方法行为或目的行为直接造成。如果被害人的重伤或死亡结果系强奸行为间接导致，或者有其他因素介入，一般不能认定强奸致被害人重伤、死亡，其他严重危害后果，也应当与强奸行为存在刑法上的因果关系才能加以认定⑤。这方

---

① 北京市人民检察院公诉处发布的办案指导性意见——刑事检察办案中疑难案件与问题解答（一）中也提到：轮奸是指两名以上男子出于共同的奸淫故意，在同一时间段内，先后对同一妇女轮流实施奸淫的行为。各行为人只要实施了强奸的实行行为，就应认定为具有轮奸情节，而不以各行为人均完成强奸行为为必要。认定既遂、未遂时，只要其中一名行为人完成强奸则所有行为人均为强奸既遂，适用轮奸的法定量刑档。对其中未完成强奸行为的，可酌予从轻处罚。

② 参见《刑事审判参考》第281号唐胜海、杨勇强奸案，载《中国刑事审判指导案例三·侵犯人身权利、民主权利罪》，法律出版社2009年版，第401页。

③ 参见1984年最高人民法院、最高人民检察院、公安部《关于当前办理强奸案件中具体应用法律若干问题的解答》第4条。该司法解释虽然在2013年被废除，但其基本精神仍可参照。

④ 《人民法院案例选》2006年第3辑周建军强奸案，参见陈兴良、张军、胡云腾主编：《人民法院刑事指导案例裁判要旨通纂》，北京大学出版社2013年版，第492—493页。

⑤ 参见《刑事审判参考》第514号案例，陆振全强奸案，载《中国刑事审判指导案例三·侵犯人身权利、民主权利罪》，法律出版社2009年版，第423页。

面的事实主要参考：被害人陈述、被害人亲友、就诊医生等证人关于被害人案发后身体、精神以及有关生活、工作状况的证言、司法鉴定，以及其他有助于认定事实的证据材料。如余某某强奸一案中，被害人被强奸后出现精神病症状，后司法鉴定认为被告人余某某的强奸行为直接造成了被害人马某精神障碍的严重后果，从而确定了马某精神障碍与强奸行为之间的直接因果关系。

六、聚众实施猥亵

聚众犯罪的显著特点就是参加犯罪的人数众多，相比单独实施的犯罪，在性侵害案件中，聚众实施猥亵的行为对于被害人的身心造成的伤害更大，其行为社会危害性更严重，因此具有从严处罚的必要。所谓聚众，是指纠集特定或者不特定多数人的行为。实践中聚众的认定包括纠集者本人在内，达到三人以上。聚众不是多数人的自动聚合，聚众猥亵也不是简单的多人实施[1]。

按照主客观相一致的原则，认定聚众强制猥亵、侮辱妇女行为，应当证明犯罪嫌疑人有聚众实施犯罪的主观故意和客观行为、需要证明具体的犯罪嫌疑人如何实施了纠集的行为、其他同案犯是如何参与到犯罪过程中来的、到底有何具体行为、各自在犯罪中起到什么作用等。从法律适用来看，聚众强制猥亵、侮辱妇女的责任主体应设定为首要分子和积极参加者。法律规定的加重法定刑，应当适用于聚众行为的实施者即首要分子，对于积极参加者适用第 1 款处罚规定即可[2]。从证据来看，认定聚众实施猥亵的证据主要包括：犯罪嫌疑人供述和辩解、同案犯供述和辩解、被害人的陈述、辨认笔录、犯罪嫌疑人通话记录和聊天记录等其他有助于认定"聚众"事实的证据。

---

[1]　刑法理论对于聚众斗殴、聚众扰乱社会秩序等犯罪的界定，都是针对起纠集、组织、策划或指挥作用的首要分子和积极参加者。

[2]　参见李祖华：《聚众犯罪若干问题辨析》，载《中国刑事法杂志》2009 年第 3 期，第 54 页。

第五章　性侵害犯罪各类证据的特点及审查

显然，一般性地论述每一个罪名的证明标准，并不意味着实际办理案件中不存在障碍。办案实践中，案件证明活动的完成，离不开司法人员针对具体案件的事实和证据加以理性的分析判断。从办案实践来看，强奸、强制猥亵妇女、猥亵儿童等性侵害案件在审查、判断证据方面的共性大于特殊性。因此，可以从不同种类证据的特点出发，论述办理性侵害案件中对上述证据的审查判断问题。

第一节　犯罪嫌疑人供述和辩解

一、犯罪嫌疑人供述和辩解的特点

犯罪嫌疑人供述和辩解俗称口供。在传统侦查实践中，通过讯问犯罪嫌疑人的方式突破口供仍然是侦办案件的重要途径。在司法实践中，犯罪嫌疑人供述和辩解具有一些重要的特点[1]，在本文看来这些特点在性侵害案件中体现可能更为明显。

首先，犯罪嫌疑人的供述通常对案件事实有着直接的证明作用。尤其在性侵害案件这种行为相对私密的犯罪中，除了被害人之外，往往缺乏目击证人，犯罪嫌疑人是最直接了解案发当时涉案行为以及事情经过的人。因此，只要犯罪嫌疑人愿意，其供述对案件事实的证明作用将十分显著。不仅如此，口供还往往能提供一些其他方面的证据线索，为侦查取证提供极大的方便。这往往成为一些性侵害案件中侦查人员重视口供，不惜利用违法甚至刑讯方式进行讯问

---

[1]　参见胡志坚：《盗窃案件的证据认定规则》，载《中国检察》第 4 卷，中国检察出版社 2004 年版。

获取口供的重要原因①。

其次，在性侵害犯罪中，犯罪嫌疑人从头至尾均能做出稳定认罪供述很少，他们往往会提出各种辩解，即便是认罪也会在某些细节问题上避重就轻。考虑到犯罪嫌疑人是受到刑事审查、并且有极大可能面临刑事追诉甚至刑罚处罚的人，案件处理结果对其个人及家庭会造成重大的影响。因此，犯罪嫌疑人为自己的利益进行各种辩解是很自然也很常见的现象。如辩解性行为系对方自愿，或者自己没有犯罪动机，或者根本否认行为发生等。不仅如此，由于性侵害这类犯罪还涉及个人名誉，影响可能伴随终生，因此犯罪嫌疑人不愿积极主动认罪的情况较为常见。有的犯罪嫌疑人即便作出供述，出于脱罪心理，其内容也可能避重就轻，或者刻意隐瞒部分重要事实细节等情况，甚至故意进行虚假供述。

最后，与前一点密切相关的是，犯罪嫌疑人的供述和辩解往往带有不稳定性。犯罪嫌疑人在进入刑事司法程序后，在最初到案以及接受侦查的时间里，其心理可能存在很大的变化甚至波动，种种因素都可能导致其口供存在较大变化，从而存在口供不稳定的现象②。司法实践中，性侵害案件中的犯罪嫌疑人起初否认但之后又承认犯罪，或者起初作出有罪供述后又改变供述的现象较为突出，给审查办理案件带来很大挑战。

二、犯罪嫌疑人供述和辩解的审查

在审查起诉实践中，公诉人或多或少存在"移送过来的犯罪嫌疑人大多数都是有罪的"心理。客观地说，从我国起诉率、定罪率很高的情况来看，这一心理的确有相当的实践基础和事实基础③。但对于个案中的犯罪嫌疑人来说，以这样的心态办理案件无疑是十分危险的。所以就个案而言，在审查起诉阶段，公诉人应当秉持客观公正的立场，全面审查案件的全部证据材料。实践中，公诉人一般是以侦查机关制作的多份讯问笔录为基础，来审查犯罪嫌疑人供述和辩解的。讯问笔录可视为口供的一种固定方式和证据表现形式。一般而言，对于犯罪嫌疑人供述和辩解或被告人在开庭审理时的当庭供述，都很少存

---

① 不仅如此，性侵害犯罪中的强奸案件是实践中的八类严重犯罪之一，此类案件发生往往会给侦查机关带来较大的破案压力。参见吴纪奎：《口供的供需失衡与刑讯逼供》，载《政法论坛》第28卷第4期，第106页。

② 从司法心理学的角度，包括个人受教育程度、法律素养、侦查人员言行、羁押或生活环境，甚至与同监室人员的交流状况等，都可能影响犯罪嫌疑人的供述。

③ 事实上，美国法学家德肖维茨也认为，美国刑事司法中的大部分被告人都是有罪的。参见［德］肖维茨：《最好的辩护》，唐交东译，法律出版社1997年版。

在证据能力上的争议。因此，审查的关键在于犯罪嫌疑人庭前供述的合法性问题，而现实中侦查讯问环节也恰恰是容易发生问题的环节。

公诉人在审查起诉过程中，不能仅关注犯罪嫌疑人供述过何种内容、是否作出有罪供述，而是应当从审查整个侦查讯问过程以及笔录制作过程的角度来审查口供笔录[①]。公诉人应当高度重视犯罪嫌疑人的辩解。特别是对于翻供案件，必须全面审查有罪供述形成过程，对被告人提出的逼供、诱供及其他违法取证的辩解，有一定依据或线索的，应认真核查。具体方式包括调取和审查同步录音录像、查询出入看守所健康检查情况、要求侦查机关说明情况，以及对被告人不明伤势成因和程度进行鉴定等[②]，不能轻率采信有罪供述。在办案过程中，公诉人应当按照法律和司法解释的规定，及时对存在瑕疵的供述笔录联系侦查人员进行补正或者作出解释。审查起诉阶段公诉人还应当依法排除侦查人员采用刑讯逼供或者冻、饿、晒、烤、疲劳审讯等非法方法收集的供述。[③]另外，从未成年人犯罪特殊程序上讲，在犯罪嫌疑人为未成年人的强奸案件中，公诉人应当审查侦查人员讯问未成年犯罪嫌疑人时是否通知家长、监护人或者教师到场。理论上对于未通知到场的讯问口供是否绝对排除尚存争议。实践中一般认为这属于程序瑕疵，需要通过说明或者解释加以补正。

实践中，有些性侵害案件的侦查人员会对讯问过程进行录音或者录像并将光盘随案移送。同步录音录像为审查侦查取证行为的合法性以及口供的自愿性、真实性提供了很大便利，但容易出现的问题包括：录音录像与讯问笔录内容不一致；录音录像内容不清晰或者缺乏日期显示；以及仅录制了供述的核心部分，对讯问开始和结束时的签字确认等过程未予录制等问题。对此，公诉人应当通过重新调取录音录像、要求侦查人员进行说明或者解释等方式加以解决。

第二节　被害人陈述

一、被害人陈述的特点

在性侵害案件中，被害人陈述往往是指认犯罪嫌疑人、反映案件过程和细

---

① 关于审查犯罪嫌疑人供述和辩解的具体内容，参见《最高院关于刑事诉讼法解释》，最高人民法院、最高人民检察院、公安部、国家安全部、司法部《关于办理死刑案件审查判断证据若干问题的规定》（后简称《死刑证据规定》）第18条。

② 《人民检察院刑事诉讼规则（试行）》第70条（后简称《刑事诉讼规则》）。

③ 最高人民法院《关于建立健全防范刑事冤假错案工作机制的意见》。

节最完整、信息量最大的言词证据,是认定犯罪事实以及正确指控犯罪的重要基础,也是鉴别犯罪嫌疑人供述和辩解真实性的重要依据。由于性侵害案件的对象是被害妇女或幼童的人身,因此,无论犯罪嫌疑人采取何种手段,其都与被害人存在身体的正面接触①,对于何人对其实施了何种行为等犯罪要件事实而言,被害人的陈述都属于直接证据。从理论上看,大多数性侵害案件的被害人往往有条件、也有可能对案发事实经过进行如实、完整、细致的描述,并对案发前后重要情况予以叙明,使得办案人员对案发经过有着完整、全面的认知与了解。

当然,在实践中,受多种因素影响,被害人陈述也容易出现失真现象。与其他案件不同的是,性侵害案件涉及个人隐私,直接影响被害人身心健康与精神状况。有的案件被害人事发后情绪低落,顾虑重重,不愿意主动报案(常常是第三人代为报案)或者延迟报案;有的出于名誉考虑而不愿详细陈述或者重复陈述案件经过。除此之外,影响被害人陈述真实性、客观性的因素还包括:其一,被害人与犯罪嫌疑人的关系。如二人系姘居或包养关系的,被害人陈述的客观性则相对较差。其二,被害人报案的状态。如因为事后报复或者心怀怨恨等原因而导致陈述失真。其三,被害人的个人生活背景、道德法律意识和综合文化素养等。

二、被害人陈述的审查

在审查起诉实践中,公诉人不能有先入为主的心理,想当然地认为被害人陈述更为可信,对于被害人陈述也应当进行全面细致的审查。要按照司法解释的要求②,全面审查被害人陈述的取证过程和陈述内容,依法对有关程序瑕疵进行补正或解释。对于审查起诉中发现的重要细节、矛盾之处、不合常理之处,公诉人应当有针对性地对有关细节进行补充性的核实询问,让其解释陈述存在矛盾或发生变化的理由,同时尽可能结合其他证据分析论证被害人陈述的真实性、客观性。例如,被害人称自己胸部被犯罪嫌疑人抓伤,而被告人予以否认,则应当通过伤情照片、诊断证明、法医证言来判断,该伤情形成时间、成因,是否是抓伤,是否有造作伤可能等来判断被害人陈述的真实性。此外,审查起诉时还应当注意根据被害人陈述提及的有关物证、书证、短信记录、通话记录、知情人员、所穿衣物以及伤情等重要线索,有针对性地开展补充侦查和证据固定工作,以准确查明案件事实。

---

① 参见王传道主编:《刑事侦查学》,中国政法大学出版社2013年版,第224页。
② 参见《最高院关于刑事诉讼法解释》第74条,《死刑证据规定》第11条。

第三节　证人证言

一、证人的种类与特点

性侵害案件中证人一般包括如下几类：

1. 见证人，即直接目击案发现场有关情况的人。与故意伤害等案件不同，性侵害案件的案发现场往往只有犯罪嫌疑人和被害人二者在场。因此，案发现场有目击证人的性侵害案件一般不多见，少数情况下可能存在。实践中也可能有因故短暂进入案发现场后离开的人，如某一起饭店经理涉嫌在储物间强奸女下属的案件中，另一名男性下属偶然从旁经过，目击了当时情况，但随即被犯罪嫌疑人赶走。这样的证人即便无法直接证明犯罪事实，但就涉案事实部分细节的印证仍具有很高的证明价值。

2. 相关人，通常是证明被害人事后诉说案件过程或与案件有关的事实，或者就案发前后某些情况提供证言的人。如案发宾馆的服务员可以证实案发前当事人开房的情况；当事人的朋友可以证实被害人与犯罪嫌疑人之间交往过程；被害人或犯罪嫌疑人为精神病人的案件中，有关亲属可以证实其精神状况；被害人的朋友事后听被害人谈及何人采取何种方式将其强奸，被害人的情绪及对此事的态度，从被害人处得知案件事实的有关情况等。以上这些对于帮助判断当事双方的言词证据是否客观、真实，能否被采信，进而正确认定案件事实都起到相应的印证作用。

3. 抓获人，一般为侦查人员（少数情况下由群众扭送）。新刑事诉讼法实施后，侦查人员就侦查过程中的情况提供证言在诉讼程序中得到了确立。抓获人一般会就案发时目击的犯罪事实或者抓捕的情况提供证言，包括如何获知犯罪和犯罪嫌疑人情况，抓获犯罪嫌疑人的时间、地点和经过；对犯罪嫌疑人身体特征、衣着情况以及所涉其他相关人、物的描述等。

无论哪一种情形，证人证言对于公诉人判断当事双方的言词证据是否客观、真实，对于准确认定案件事实都起到一定作用。目前办案实践中，证人证言是以侦查机关制作的证言笔录（询问笔录）为载体，公诉人对证人证言的审查主要以对证言笔录的审查为表现形式。需要说明的是，在英美证据法中，证人在法庭外所作的证言加以书面记载所形成的证言笔录，被称为"传闻证据"，而将传闻证据排除在法庭之外的证据规则，被称为传闻证据规则①。但在我国，法律和司法解释并没有限制证言笔录的证据能力。

二、证人证言的审查

公诉人对于证人证言（证言笔录）证据能力的审查，主要是从证人感知案件事实的来源及时间，证人的作证资格，证人与案件当事人、案件处理结果有无利害关系，证言取得程序以及笔录制作方式的合法性，以及证言与其他证据印证情况等角度进行②。法律和司法解释还分别规定了非法证言的排除以及瑕疵证据的补正规则③，实践中，应当尽力将证据能力的审查解决在审查起诉阶段。

从证明力来看，对于证人证言的审查需要注意以下几点：一是证人感知案件事实的来源及时间，是直接听被害人述说还是听其他人转述，是案发后很快得知还是案发很久后得知，从而判断有无关联及证明力的大小；二是注意证言中的一些猜测性、推断性的内容，如"估计她是被强奸了"、"我觉得她不是自愿的"，除非能够提出合理的判断因素，否则不能作为证据使用；三是注意证言中不确定的内容，如"她被欺负了"，既可以理解成被害人被强奸了，也可以理解成被殴打了或被猥亵了，因此对这种不确定、容易产生歧义的证言应进一步核实④。与其他言词证据一样，证人证言受主客观因素影响，容易出现失真或者产生偏差。有一些证人本身与案件当事人存在密切关系，其证言的客观性、真实性也会相应受到影响，公诉人应当通过审查证言与其他证据之间能否互相印证，有无矛盾等确定证言的可信度。

在审查实践中，为查明案件事实真相，公诉人还应当注意审查案件侦查过程中是否遗漏了对某些重要证人的查证，或者有无必要就某些事实细节再次向有关证人核实，如有必要，应当进行补充侦查或者自行侦查。

---

① ［英］特纳：《肯尼刑法原理》，王国庆等译，华夏出版社 1989 年版，第 530 页。
② 《最高院关于刑事诉讼法解释》第 74 条，《死刑证据规定》第 11 条。
③ 《最高院关于刑事诉讼法解释》第 76—77 条，《死刑证据规定》第 13—14 条。
④ 参见刘程：《如何做好强奸案件的证据审查工作》，载首都检察网公诉信息系统。

第四节 物证、书证

一、性侵害犯罪案件中物证、书证的地位

在性侵害案件特别是强奸妇女，强制猥亵、侮辱妇女案件中，由于行为违背妇女意志，一般会遭到妇女不同程度的反抗或者挣扎，现场和被害人身上、衣服上多会遗留相关物证痕迹，这类物证痕迹是性侵害案件不同于其他案件的重要特征，也为案件侦查和查获犯罪嫌疑人提供了重要依据[1]。在言词证据不稳定的情况下，除非存在人为灭失，一旦提取到相应物证痕迹等客观性证据，其价值是显而易见的。在办案实践中，公诉人应当更加重视物证等客观性证据的审查和运用。

在性侵害案件中，物证一般包括：犯罪嫌疑人遗留在现场的各种物品如手套、烟头、酒瓶、名片，撕脱的衣片、纽扣，可能擦拭精液的卫生纸、布片或作案时使用的工具，如刀具、棍棒、绳索等；犯罪嫌疑人的身体分泌物、脱落物，如精液、唾液、体液、血迹、毛发、皮屑等，这些痕迹可能残留在犯罪嫌疑人曾接触过的物品上，也可能残留在被害人被侵害时所穿衣物、床单上，也可以从被害人身体上提取相应物证；还有犯罪嫌疑人与被害人的对抗痕迹，如发生在室外的案件可能涉及地上或草坪上的身体压痕、指纹、脚印，如室内强奸案件可能涉及地面上脚印、使用过的物品以及被害人衣物、床单、身体等上的齿痕、指纹、血迹，或被害人被损坏的物品等[2]。

性侵害案件中的书证主要包括：关于当事人伤情的证据如诊断证明书、病历、检查报告单以及被害人与犯罪嫌疑人之间案发前后往来的书信、日记、短信、电话记录、微信记录等。

二、物证、书证的审查

在办案实践中，以上客观证据主要是侦查机关通过勘验、检查、搜查、扣押等活动来提取、收集和保存的，公诉人既要审查实物证据以及相关的提取、搜查、扣押笔录等是否客观、真实反映案件事实，也要审查收集、制作程序和

---

① 参见王传道主编：《刑事侦查学》，中国政法大学出版社 2013 年版，第 223 页。
② 参见李新成：《论强奸案件的侦破工作》，载《刑事司法指南》2010 年第 4 集，总第 44 集。

证据形式是否合法。《死刑案件证据规定》第 9 条规定：不能证明物证、书证来源的，不能作为定案的根据；对物证、书证的来源及收集过程有疑问，不能作出合理解释的，该物证、书证不能作为定案的根据[①]。《最高法司法解释》第 73 条也做了类似规定。这事实上确立了实物证据的"鉴真或者验真"（Authentication）规则[②]。简言之，公诉人应当证明案件有关物证、书证等实物证据，其来源不仅是可靠的，也得到了规范化的收集和妥当的保管、并与最终提交法庭的证据具有同一性。

实践中主要通过对侦查机关制作的有关笔录类证据如勘验、检查笔录、搜查笔录、提取笔录、扣押清单等来证明上述证据的提取、保管过程。对于物证、书证来源不明的，公诉人应当要求侦查人员进行补正说明。鉴真是实物证据具备证据能力的前提条件，这也为审查鉴定意见中鉴定检材是否准确、合格提供了基础。

除此之外，法律还确立了物证、书证的有条件排除规则。我国《刑事诉讼法》第 54 条规定，收集物证、书证不符合法定程序，可能严重影响司法公正的，应当予以补正或者作出合理解释；不能补正或者作出合理解释的，对该证据应当予以排除。实践中，公诉人对于侦查机关的补正或者解释应当予以审查。经侦查机关补正或者作出合理解释的，可以作为批准或者决定逮捕、提起公诉的依据。按照司法解释规定，"可能严重影响司法公正"是指收集物证、书证不符合法定程序的行为明显违法或者情节严重，可能对司法机关办理案件的公正性造成严重损害，实践中，应当综合考虑收集物证、书证违反法定程序以及所造成后果的严重程度等情况加以认定[③]。

三、性侵害犯罪案件中的伤情证据

性侵害案件中的伤情证据往往在定案中具有特殊重要的地位，特别是在犯罪嫌疑人使用暴力手段强奸妇女、强制猥亵、侮辱妇女的案件中，被害人身体部位的伤情都是暴力手段的有力证明；而只要被害人进行一定的反抗如抓、咬等，犯罪嫌疑人身上也可能有伤，如能通过身体检查出与被害人陈述事实相符

[①] 司法解释对视听资料、电子证据来源和收集提取过程也提出了相似的要求。

[②] 在翻译《证据法：文本与案例》一书时，张保生教授首次使用了这一翻译，陈瑞华在《刑事证据法学》一书采纳了这种译法，认为这既可以说明一种对证据的真实性加以鉴别的证明过程，又可以将之与鉴定区别开来。参见陈瑞华：《刑事证据法学》，北京大学出版社 2012 年版，第 128 页。易延友翻译为"验真"规则，参见易延友：《刑事诉讼法——规则、原理与应用》，法律出版社 2013 年版，第 349 页。

[③] 《刑事诉讼规则》第 66 条，《最高院关于刑事诉讼法解释》第 95 条第 2 款。

的伤情，可以作为证明犯罪的有力证据①。退一步而言，即便被害人或犯罪嫌疑人身上都没有留下明显伤情，但留下相应痕迹如掐痕、红印、红肿、青紫等，对于认定案件事实也有很大的作用。在目前的侦查实践中，侦查人员很少制作专门的人身检查笔录，对于上述证据的提取主要通过拍摄照片、调取诊断证明书、病历等来进行。由于人体有其自身恢复机能，一旦经过治疗或者恢复，相关伤情、痕迹就有可能愈合，形态也会发生变化，从而不可再现。因此，在办案实践中，公诉人应当侧重审查侦查人员调取上述证据的及时性、完整性。如果调取不及时、不全面，将在很大程度上影响对案件的准确认定。例如崔某强奸案中，医院诊断证明明确指出被害人外阴部大小阴唇抓伤已化脓，大小约 2 厘米×2 厘米，但侦查人员并未对该处伤势进行拍照，且法医伤情鉴定意见中的"检验所见"部分也没有表述该伤。这使得办案人员对该伤情是否真实存在产生疑问，进而影响了案件指控。又如刘某某强奸案中，被害人张某提到双方有揪扯动作。报案时被害人无明显外伤，也未觉疼痛。但两天后换衣时被同住室友发现其大腿后侧有淤青，并用相机拍照。该伤情经判断应为案发时造成，但因案发时未作身体检查，后期被害人自行取证也未能有效转换为刑事证据，最终该伤情照片只能作为加强公诉方内心确信的参考，而无法作为庭审证据使用。

第五节　笔录类证据

一、笔录类证据的特点

勘验、检查笔录、辨认笔录、侦查实验笔录等笔录类证据是 2012 年刑事诉讼法修改时增加的证据种类。在审查起诉实践中，侦查机关制作的笔录类证据具有十分重要的作用。它们是侦查活动的客观记录和反映，既能直接证明案件有关情况（如犯罪嫌疑人进屋时是否砸坏了被害人房门等），同时也能证明物证、书证、电子数据等实物证据的来源（如现场勘验笔录中记载的物证提取情况）。在审查笔录类证据时，应当注意对于上述侦查行为、侦查程序的合法性以及笔录记载内容的全面、准确性进行审查。

---

① 当然，有的案件中，被害人身体部位的某些伤情或者痕迹，还需要进一步结合临床来判断其成伤的原因和人体机理，例如是否自伤、自残，是掐痕还是其他原因所致等。

二、笔录类证据的审查

1. 现场勘查

司法实践中具备条件的强奸案件侦查机关一般都会进行勘验、检查。勘验、检查笔录中记载的勘查情况，如案发现场方位、门锁物品是否有损坏、可疑物证痕迹的提取部位等对于审查判断案件事实都具有十分重要的作用。对于勘验检查活动的审查重点是勘验检查不及时、不全面、不细致以及笔录制作不准确的问题①。在对勘验、检查笔录的审查中，应当将其与对实物证据的来源和提取过程的审查联系起来。此外，有的案件中侦查人员仅用拍摄现场照片的方式，并没有在保护现场的情况下对现场进行勘验检查，这种情况应予纠正，审查起诉阶段具备勘查条件的，仍然应当进行补充勘查。

2. 辨认笔录

辨认笔录历来是容易产生问题的证据种类。办案实践中，有的应当组织辨认而没有组织辨认，有的虚假辨认或错误辨认，有的违反辨认规则，如辨认前辨认人见到辨认对象、辨认中存在明显暗示、陪衬对象不类似、数量不符合要求、没有见证人在场等。公诉人对辨认笔录审查的重点是侦查人员是否遵守法律规定的程序组织辨认、是否规范制作辨认笔录②。对人和犯罪工具的辨认关键要看是否存在诱导性辨认的情况。而对于犯罪现场的辨认，则要认真审查辨认过程，必要时应当要求公安机关提供录像、照片等加以证明。

3. 侦查实验

按照法律规定，公安机关可以组织侦查实验。侦查实验的关键在于，侦查实验的条件应当与事件发生时的条件相同，这一点对于侦查实验提出了很高的要求。在司法实践中性侵害案件的侦查实验极为罕见，主要是受限于技术条件和侦查意识以及此类案件的特殊性。在我院办理的某起强奸案中，侦查机关以一纸说明称"经过侦查实验发现，在案发房间内叫喊屋外的人可以听到"。但这份证据材料难以证实"实验"是否经过了法定程序，以及具体过程和方法，难以确定是否与案发条件相同，因此根本无法作为证据采用。在审查起诉实践中，经常遇到辩护人发表诸如"根据现场环境，被告人不可能完成实际奸入的动作"或"根据被害人陈述的双方所处位置，被告人根本不可能打到被害人的头部"等意见。这些需要公诉人结合对于案发现场、环境的观察，结合生活常识和案中其他证据进行综合判断。在这个意义上，公诉人对于案件的审

---

① 《最高院关于刑事诉讼法解释》第 88、89 条，《死刑证据规定》第 25、26 条。
② 《最高院关于刑事诉讼法解释》第 90 条，《死刑证据规定》第 30 条。

查不仅仅局限于案卷材料的审查。

第六节　鉴定意见

一、鉴定意见的种类

按照《全国人大常委会关于司法鉴定管理问题的规定》，鉴定分为法医类鉴定、物证类鉴定和声像资料类鉴定。性侵害案件中，常见的有人体损伤程度鉴定，对精斑、血迹的 DNA 比对鉴定，引产胎儿的生物学父母鉴定、司法精神病鉴定，有时也涉及对提取指纹、足迹、压痕、蹭痕、弹痕、齿痕等进行的痕迹鉴定，以及有关文书鉴定等。

二、鉴定意见的审查

刑事诉讼法修改将鉴定结论改为了鉴定意见，这更加准确地说明了鉴定的性质。在以往的办案思维中，受制于知识水平，办案人员往往不自觉地会把专门机关出具的意见作为正式的结论，不注重对于鉴定过程以及意见的审查，刑诉法的修改有助于纠正这一认识。实践中，对鉴定意见等技术性证据，公诉人要认识到鉴定设备是否先进、鉴定方法是否科学、送检材料是否充分以及是否被污染、鉴定人的业务水平高低、鉴定过程是否认真、鉴定过程是否受到外界的干扰等因素都会影响鉴定结论的正确性。正如法国著名律师勒内·弗洛里奥所说，"绝大多数鉴定人是凭着技能和良心完成任务的，在很多情况下，他们的工作会使真相大白，但是他们也会出错……法官和陪审员一样，总是信赖地采纳鉴定人结论，认为那纯粹是技术问题，而不去注意检查鉴定人的工作。然而鉴定错了，裁判就会发生错误，这是肯定无疑的[①]。在办案过程中，对于鉴定意见等技术性证据必须进行认真全面的审查[②]。

其中，鉴定检材对于鉴定意见的形成和意见的准确性具有十分重要的意义。办案实践中，公诉人应当十分重视鉴定检材的来源、取得、保管、送检应当符合法律以及有关规定。对鉴定意见的审查应当与对于相关笔录类证据、物证、书证等实物类证据的"鉴真"结合起来。如张某某涉嫌强奸案中，公安

---

① ［法］勒内·弗洛里奥：《错案》，赵淑美等译，法律出版社 2013 年版，第 137 页。
② 《最高院关于刑事诉讼法解释》第 84 条，《死刑证据规定》第 23 条。

机关仅将一份精斑鉴定结论入卷，但对于检材如何提取、如何送检等重要信息均无证据证明，大大影响了该份鉴定意见的效力①。实践中，鉴定检材受到污染的情况也时有发生。如近来媒体报道安徽六安鉴定机构因实验污染，鉴定结果显示一名教师的 DNA 出现在受害人下体血样中，导致其被错误羁押②。这值得引起办案人员的警醒。有的地方检察机关有相应的专业技术力量进行复核以及文证审查，因此办案过程中，必要时公诉人可以按照有关规定对鉴定意见等技术性证据进行复核。

除了对鉴定意见本身的审查外，在办案实践中，公诉人还应注意审查案件中是否有物证等事项未提取、未鉴定的情况，遗漏对有关物证的鉴定可能导致案件存在疑问。例如，郭某某强奸一案中，侦查人员仅提取了被害人裙子上的精斑痕迹，但并未及时提取其阴道擦拭棉签并进行鉴定，导致无法判断犯罪嫌疑人是否对被害人实施了奸入行为。还有的案件，现场勘验、检查笔录中提取到沾有可疑斑迹的卫生纸等物证、痕迹，但侦查机关遗漏了鉴定，这会给案件留下疑点。

与鉴定相关的一个著名案例是 1991 年发生在美国的威廉·肯尼迪案③。这个案件中，警方虽然提取了被害人内裤、衣服和体内残存精液，且鉴定与犯罪嫌疑人吻合，检察官指控被告人犯强奸罪。辩护律师认可双方性关系的发生，但却对是否强迫提出质疑。著名美籍华裔刑事鉴定专家李昌钰加盟辩方，提出如果按照控方说法，女方先被威廉扑倒在水泥地，再压倒在草地上，她的衣裙和内裤应当相当猛烈地摩擦现场水泥地面和草地，并留下明显的微量物质转换痕迹（即所谓"微量物质转换定律"）。但李昌钰将女方的衣服、内裤及胸罩的高倍放大照片展示给陪审团，称经过彻底查证都没有发现任何破损的纤维及草地的痕迹，认为"这表明他们并没有在草地上待过，也没有在水泥地上挣扎过"。李昌钰的这一点质疑导致检察官的证据体系坍塌，陪审团最终认定威廉的强奸罪不成立。从办案的思路和刑事科学技术的运用来看，我国的司法实践与之显然有很大不同。但从控方的角度，这个案件至少启示我们，鉴定往往只能说明案件某一方面的事实。例如被害妇女阴道棉球检测出犯罪嫌疑人精斑，这只能证明两人发生了性关系，但是要认定强奸罪的成立，需要在证实

---

① 后经办案人员核实，该检材系在现场一坐垫上提取，而该坐垫最终因保管不严而丢失，导致该份证据难以认定。就该问题已向侦查机关发送纠正违法通知书。

② 凤凰网：http://news.ifeng.com/gundong/detail_ 2014_ 04/16/35799970_ 0.shtml（最后访问时间 2014 年 4 月 19 日），原载《南方都市报》。

③ 周大伟：《一起强奸案的美国判例》，参见中国新闻周刊网 http://politics.inewsweek.cn/20130802/detail-67481.html。

行为的发生过程方面下功夫。因此，公诉人需要在调取其他方面证据审查案件事实方面开展更加细致的工作。

第七节　视听资料、电子数据及其他材料

一、视听资料与电子数据的特点

视听资料是指那些运用科学技术手段记载声音和图像的音像资料。电子数据主要是指那些通过使用电子计算机、移动电话以及互联网等电子媒体而形成的传输证据资料。在计算机等网络新技术犯罪中该类证据更为常见，但作为普通刑事案件的性侵害案件，办案实践中对视听资料、电子数据也有较多运用。实践中，视听资料通常包括案发地或其附近（如宾馆服务台、停车场）的监控录像、当事人或有关人员拍摄或录制的视频、音频等。而电子数据主要是当事人之间的短信息、QQ 或者其他社交工具的聊天记录等。在熟人之间发生的性侵害案件中更为常见。

视听资料、电子数据的产生、存储依托于高科技设备和技术，客观性较强，不易被篡改、删除，对于案件事实能起到重要的证明作用。不过，由于普通刑事案件往往作案手法简单，基本上不存在科技含量，公安机关在侦查过程中可能会忽视相关视听资料、电子数据的调取工作。但事实上，以电子数据为例，随着手机等移动通信设备被大量使用，当事人之间逐步交往情况，实施犯罪前后的心理变化、行动，都可能通过电子数据的内容体现出来。因此，办案实践中，应当重视充分发挥这类证据的证明价值。

二、视听资料的审查

实践中，公安机关对于视听资料常以光盘刻录的形式加以提取。依照《最高人民检察院关于刑事诉讼法解释》第 92 条的规定，需要着重从以下方面进行审查：（1）是否附有提取过程的说明，来源是否合法；（2）是否为原件，有无复制及复制份数；是复制件的，是否附有无法调取原件的原因、复制件制作过程和原件存放地点的说明，制作人、原视听资料持有人是否签名或者盖章；（3）制作过程中是否存在威胁、引诱当事人等违反法律、有关规定的情形；（4）是否写明制作人、持有人的身份，制作的时间、地点、条件和方法；（5）内容和制作过程是否真实，有无剪辑、增加、删改等情形；

（6）内容与案件事实有无关联。

实践中，按照司法解释规定，对视听资料有疑问的，应当进行鉴定。虽然录音、视频文件来源、调取程序合法，但必要时录音文件中声音是否为相关人所言需要进行声纹鉴定；视频是否被剪辑拼接也需要进行相应的技术鉴定。除了来源方面的审查，从内容来看，对于有关视频或者录音文件，可以核实录音中所涉人员的身份，有无案外人或者第三人；录音内容是否与涉案事实相关；是否涉及协商赔偿或者其他问题；内容有无异常；与当事人言词证据是否存在矛盾等。

对于监控录像内容的审查主要有以下几个角度：一是看时间，也就是审查案发时间内当事人或有关人员是否出现在特定现场。二是看场所，通过录像判断案发现场的方位走向，涉案行为的场所特征等。三是在对行为人准确界定身份的基础上，仔细观察人物的特征和具体行为。如行为人衣着是否整齐；发型是否完好；行为人之间是否有拉拽、搂抱、牵手等行为；走路是否存在异常；是否看起来醉酒或者意识不清；是否有哭泣、掩面、砸门等行为；是否有打电话、玩手机等动作。这些细节，作为客观性证据对于判断有关言词证据是否属实以及认定案件事实具有十分重要的意义。假如监控录像显示被害人与犯罪嫌疑人一起在服务台开房，神态举止正常，之后又牵手走出宾馆房间，表现亲密，那么被害人称被强奸的陈述相对来说就会很有疑问。

三、电子数据的审查

性侵害案件中的电子数据[①]，如手机中直观可见的短信记录等，常常通过拍照的形式将其内容予以固定并附卷，这便于在庭审中直接呈现其内容。由于侦查人员在办案过程中对于手机等涉案物品是否应予扣押认识不一，有的案件中涉案手机被扣押，而有的手机没有被扣押也未能随案移送。在公诉审查过程中，不仅可能需要对在案扣押的电子设备进行数据调取，对于可能证明案件事实但未能移送的电子设备，也应当要求公安机关及时办理扣押手续并移送。

公诉人对于电子数据的内容，可以审查与犯罪嫌疑人口供、证人证言是否互相印证，进而确定其真实有效性。在有关数据侦查机关未能调取的情况下，必要时可以通过将相应电子设备送检鉴定，以恢复有关电子数据[②]。如一起三人强奸、抢劫案中，犯罪嫌疑人窦某多次伙同熊某或李某对不同女性实施强奸、抢劫，由于部分被害人报案较晚，未发现物证痕迹。窦某对犯罪事实全部

---

① 司法解释规定的审查内容，参见《最高院关于刑事诉讼法解释》第93条。

② 参见金轶、张婷：《审查起诉阶段补充调取电子数据情况分析》，载《检察时空》2014年第1期，第36页。

予以否认，熊某与李某也否认了部分犯罪事实。因此对三名犯罪嫌疑人均否认的犯罪事实存在疑点，后公诉人及时通过鉴定部门恢复了犯罪嫌疑人手机中的QQ聊天记录和短信记录，窦某与被害人相约见面，与同案犯间预谋犯罪、作案后询问抢到的被害人手机如何使用等事实均以电子数据的形式再现，该起事实得到了证实①。

四、其他材料

办案实践中经常涉及"情况说明"、"办案说明"等说明类材料。法律并没有确立其证据种类地位，有关司法解释仅针对侦查机关出具的被告人到案经过、抓获经过等材料做了一些简要的规定②。但在实践中，这些情况说明等说明类材料的内容不仅涉及犯罪嫌疑人的抓获经过情况，还会包括其他犯罪嫌疑人查找未果、其他涉案人员的处理情况、有关事实未能查证的原因、赃物未起获、不能鉴定比对、指认、辨认、估价的原因、有关证据存在形式瑕疵的原因、案件管辖、主体身份情况、特情办案情况、通话记录、自首立功、取证合法性等。总的来看，情况说明的内容大多数为程序法事实和证据事实，少数为实体法事实③。

情况说明等材料在实践中被大量采用有客观原因，关于其改革方向，学界、实务界也有一定的探讨④。从目前办案实践来看，一般意义上并不否认上述说明材料的证据能力，但公诉人对于上述说明类材料也应当严格进行审查。从形式上，应当有出具该说明材料的办案人、办案机关的签名、盖章。从内容上看，对于侦查机关出具的被告人到案经过、抓获经过等材料，应当审查是否对于破案经过有疑问，或者对确定被告人有重大嫌疑的根据有疑问的，应当要求侦查机关补充说明。有的案件中，到底是"由供到证"（先有犯罪嫌疑人供述后找到证据）还是"由证到供"（先掌握犯罪嫌疑人的犯罪证据，犯罪嫌疑人才供认），破案经过等材料中应当加以准确体现。有的案件中，公安机关出具说明称对有关事实未能查证或者找不到有关人员，但无法显示经过何种途径查找，查找是否深入等，公诉人还是应当结合案卷中其他线索和证据，通过讯问犯罪嫌疑人、直接联系有关人员、调取其他材料等方式进行必要的核实。

---

① 参见金轶、张婷：《审查起诉阶段补充调取电子数据情况分析》，载《检察时空》2014 年第 1 期，第 35 页。

② 《最高院关于刑事诉讼法解释》第 108 条、《死刑证据规定》第 31 条。

③ 参见黄婕：《"情况说明"的证据学属性分析》，载《国家检察官学院学报》2010 年第 5 期，第 75 页。

④ 陈瑞华：《刑事证据法学》，北京大学出版社 2012 年版，第 193 页。

第六章 特定类型性侵害犯罪案件证据审查认定实务及认定实例

第一节 特定类型性侵害犯罪案件证据收集、审查思路及实务

在实践中性侵害案件的形式多样、手段复杂，例如熟人之间发生的性侵害案件与陌生人之间的性侵害案件在办案思路上就有很大不同，取证和审查证据方面也有一些各自特点。这一部分就以"特定类型性侵害犯罪案件的证据收集审查思路"为题加以讨论。

一、精神病人或智力低下人员受性侵害案件

精神病人或智力低下人员受到性侵害的案件在司法实践中时有发生。据不完全统计，2008 年至 2011 年 5 月，北京市海淀区人民检察院审查起诉的智力残障女性遭受性侵害案件就有 10 件 11 人[①]。这类案件需要证明犯罪嫌疑人明知妇女是精神病患者或者痴呆者（程度严重的）而与其发生性行为。如果是与间歇性精神病患者在未发病期间发生性行为，妇女本人同意的，不构成强奸罪。

1. 我国《刑事诉讼法》第 60 条规定，生理上、精神上有缺陷或者年幼，不能辨别是非、不能正确表达的人，不能作证人。《公安机关办理刑事案件程序规定》第 69 条规定，对于证人能否辨别是非，能否正确表达，必要时可以进行审查或者鉴别。在办理此类案件过程中，公诉人应当结合其年龄及精神状况审查其有无相应的表达能力，通过调取被害人诊断证明、病历以及被害人亲属及邻居的证言加以证实。

[①] 其中，强奸案 7 件 8 人，强制猥亵妇女案 1 件 1 人，同时构成强奸罪、强制猥亵妇女罪的案件 2 件 2 人。参见余欢欢等：《智力残障女性遭受性侵害案件情况分析》，载《海淀检察情况反映》2011 年第 43 期。

2. 关于被害人的精神疾病状况和智力状况，除了就诊材料、有关证明以外，实践中，往往通过专门的司法精神病鉴定来判断被害人有无性防卫能力或者是否处在间歇性精神疾病的发病期。

3. 需要证明犯罪嫌疑人主观上"明知"，也就是知道或者应当知道被害人是精神病患者或者痴呆者（程度严重的）。犯罪嫌疑人一般会辩解其不知，但如果证据证实被害人的精神疾病状况是客观的，其症状能够为一般群众所认知，或者进一步证实犯罪嫌疑人与被害人有过交往，具备认知条件，则能够判断犯罪嫌疑人辩解不实。如张某某强奸案中，办案人员与被害人（女，24 岁）接触发现其面相痴呆，与人对话非常幼稚，按照一般人判断明显属于智力低下，遂结合其他证据认定犯罪嫌疑人构成犯罪。当然，实践中情况较为复杂，需要注意的是，如果证据不能证实犯罪嫌疑人与被害人有过任何社会交往，不能简单因为其他群众可以看出被害人的精神状况就认为犯罪嫌疑人明知，还要将案发时间、场景（如天色阴暗确实可能看不清）等结合起来加以判断。

二、未成年人、儿童①受性侵害案件

未成年人由于身心发育不成熟，自我防护意识与能力较弱，一直是法律重点保护的对象，在性侵害案件中尤其如此，但未成年人仍是易遭受性侵害的群体。如北京市海淀区人民检察院 2011 年至 2013 年办理的性侵害案件中，单纯的猥亵儿童案就有 28 件 28 人，除此之外还有一些奸淫幼女型的强奸案件。办理此类案件，一方面应掌握刑事法律从严惩处、从重打击的规定与刑事政策精神；另一方面更应掌握涉及未成年人刑事案件特殊的程序规定和未成年人，尤其是儿童心智尚不成熟、易受伤害、表达能力欠缺的客观情况，在证据收集、固定及未成年人权利保护上予以重视和特殊对待。

1. 程序注意事项

根据 2013 年最新颁布实施的最高人民法院、最高人民检察院、公安部、司法部《关于依法惩治性侵害未成年人犯罪的意见》，办理性侵害未成年人案件在程序上和未成年人权利保护上应重点注意以下几点：

---

① 未成年人与儿童实际上是包含与被包含的关系，这里将未成年人与儿童并列，是为了突出对儿童的保护。从年龄上看，未成年人是指未满 18 周岁的人，这一点已经为《未成年人保护法》等法律所确认。但对于儿童的年龄范围由于没有法律、法规予以明确，在理论界争议较大，这里采用姚建龙教授的观点，即"不满 14 周岁者称为儿童，其中 12 周岁未满者简称为年幼儿童，12 周岁以上 14 周岁未满者简称为年长儿童"。（见姚建龙：《刑事法视野中的少年：概念之辩》，载《青少年犯罪问题》2005 年第 3 期，转引自姚建龙主编：《中国青少年犯罪研究综述》，中国检察出版社 2009 年版，第 11 页。）

（1）对身份信息和性侵害细节的保密义务：即对于涉及未成年被害人、未成年犯罪嫌疑人和未成年被告人的身份信息及可能推断出其身份信息的资料和涉及性侵害的细节等内容，审判人员、检察人员、侦查人员、律师及其他诉讼参与人应当予以保密。对外公开的诉讼文书，不得披露未成年被害人的身份信息及可能推断出其身份信息的其他资料，对性侵害的事实注意以适当的方式叙述。这一点不仅是个人应遵守的准则与应履行的义务，更是检察监督的重要内容。若在办案过程中，发现有关机关、律师或其他诉讼参与人不当披露未成年人身份信息和案件细节，应当及时予以制止、纠正。

（2）未成年被害人系女性的，应当有女性工作人员参与。在成年人犯罪案件中，除了进行身体检查应由女性对女性或女性对医生之外，犯罪对象的女性性别，并不必然决定办案人员中应有女性，因此，性侵害未成年人案件中的这种严格的性别规定是较为特殊的，应当严格遵守。

（3）调查取证时的便装低调原则：即办案人员到未成年被害人及其亲属、未成年证人所在学校、单位、居住地调查取证的，应当避免驾驶警车、穿着制服或者采取其他可能暴露被害人身份、影响被害人名誉、隐私的方式。调查取证时穿着制服本是一般的工作原则，但在该类案件中却例外地要求避免驾驶警车、穿着制服，这一点应予以注意。

（4）询问时的不伤害原则（场所选择、和缓询问、一次询问）：即询问未成年被害人，审判人员、检察人员、侦查人员和律师应当坚持不伤害原则，选择未成年人住所或者其他让未成年人心理上感到安全的场所进行；同时，询问未成年被害人，应当考虑其身心特点，采取和缓的方式进行；对与性侵害犯罪有关的事实应当进行全面询问，以一次询问为原则，尽可能避免反复询问。

（5）法定代理人到场原则：询问未成年被害人，应当通知其法定代理人到场。无法通知、法定代理人不能到场或者法定代理人是性侵害犯罪嫌疑人、被告人的，也可以通知未成年被害人的其他成年亲属或者所在学校、居住地基层组织、未成年人保护组织的代表等有关人员到场，并将相关情况记录在案。

（6）帮助申请法律援助：即人民法院、人民检察院办理性侵害未成年人案件，应当及时告知未成年被害人及其法定代理人或者近亲属有权委托诉讼代理人，并告知其如果经济困难，可以向法律援助机构申请法律援助。对需要申请法律援助的，应当帮助其申请法律援助。

（7）进展告知及说明义务：即人民法院、人民检察院、公安机关办理性侵害未成年人犯罪案件，除有碍案件办理的情形外，应当将案件进展情况、案件处理结果及时告知被害人及其法定代理人，并对有关情况予以说明。

（8）司法救助优先：即对未成年被害人因性侵害犯罪而造成人身损害，

不能及时获得有效赔偿，生活困难的，各级人民法院、人民检察院、公安机关可会同有关部门，优先考虑予以司法救助。

2. 证据收集与运用

在未成年人受性侵害案件中，出于害怕、迷茫等原因，未成年被害人（尤其是儿童）一般不会主动报警，往往是亲属案发后发现被害人存在情绪或行为异常，询问被害人后才报警。

这类案件证据的特点在于，被害人由于年龄和认识能力限制，对于案发事实行为的描述可能不会十分准确，部分表达也会有未成年人粗疏、模糊的特点。因此，在取证和补充证据的问题上，不能苛求被害人，尤其是儿童像成年人一样详细、准确、完整描述案件事实，被害儿童能够在案发时间、地点以及犯罪嫌疑人身份、具体行为以及手段等基本事实方面作出陈述即可。在受侵害部位的核实、调查中，尤其是对于儿童，考虑到被害人羞耻心、描述能力欠缺等因素，可以采用比如玩具示例法（即拿出玩具娃娃，让被害人在娃娃上指示哪些部位受到何种侵害）这样相对特殊又符合、照顾未成年人身心特点的方法。

在证据采信方面，我们认为，如果排除未成年被害人本人及其家人与犯罪嫌疑人存在矛盾纠纷、报警有隐情等外界干扰因素，在证言效力上看，未成年被害人陈述的效力要更强。尤其是在描述性侵害的基本事实是否存在上，未成年被害人，尤其是儿童说谎的可能性较小，可采性较大。但对于性侵害的次数认定上，则应坚持较为严格的供证一致原则，因为未成年人，尤其是儿童对数字的感觉、描述往往不准确，可能存在夸张、臆想的成分。

在具体案件中，除被害人陈述外，一般需要通过调取其法定代理人或监护人的证言对案件事实、行为后果等加以间接证明。如蒋某某猥亵儿童一案，被害幼女台某某（7 岁）自述 2013 年春节过后邻居蒋某某曾有四五次用手摸其屁股和"尿尿的地方"，有时是自己一个人去他家的小卖部买东西时被蒋某某摸，有几次是蒋某某趁大人不在的时候来到台某某家中脱下其衣服。3 月 24 日蒋某某再次摸台某某，台某某将此事告诉了其母亲。侦查人员还调取了被害人父母的证言，其中被害人母亲证实 3 月 24 日蒋某某告知其的情况，其父亲证实女儿平时非常开朗快乐，但案发后显得沉闷的情况。尽管这些证人证言严格来说属于传来证据，但在这类案件的审查定案中仍然具有重要价值。从本案双方无其他矛盾，结合生活常理判断，被害人一方主动诬告、陷害犯罪嫌疑人的可能性同样较小。实践中一般倾向于采信被害人一方的陈述，以体现保护未成年人的精神。但就具体犯罪事实的认定，仍需要考虑存疑时有利于被告人的原则。本案中，犯罪嫌疑人蒋某某只承认自己在 3 月 21 日和 3 月 24 日进入台某某家中对其生殖器进行抠摸，并未承认有四五次类似行为；按照被害人陈述，有一次犯罪嫌疑人生殖器还接触过，但本案无其他证人证实相应时间犯罪嫌疑人与被害人是否接触，从诊断来看，虽被害人外阴部充血，但难以认定是犯罪嫌疑人用手抠摸造成还是双方的生殖器直接接触造成。综上，在证据存在矛盾的情况下，认定了3月21日与3月24日晚蒋某某对被害人实施猥亵的事实，后获得法院判决认可。

3. 未成年被害人的年龄问题

在未成年人受性侵害案件中，未成年人的年龄问题，具体说是犯罪嫌疑人、被告人是否明知被害人的具体年龄或是否年满14周岁问题，由于关系从重、加重情节（强奸罪、猥亵儿童罪、强迫卖淫罪、引诱幼女卖淫罪），甚至是罪与非罪（嫖宿幼女罪与强奸罪）问题，且侧重于对行为人的主观意识进行判断证明，辩解的空间较大，因而在办案过程中应当首先予以重视、明确。根据前述《意见》第19条第2、3款的规定可以明确：

（1）对于不满十二周岁的被害人实施奸淫等性侵害行为的，应当认定行为人"明知"对方是幼女。即只要证明被害人事实上未满十二周岁，此时不必再证明犯罪嫌疑人是否明知，可以依法直接认定其明知。

（2）对于已满十二周岁不满十四周岁的被害人，从其身体发育状况、言谈举止、衣着特征、生活作息规律等观察可能是幼女，而实施奸淫等性侵害行为的，应当认定行为人"明知"对方是幼女。此时便应针对性地收集、分析相关的证据，从而为判断、认定行为人的主观内容准备客观素材与证据。

从司法实践的角度出发，在证据收集时，还应该注意从双方交往接触的各个方面全方位地收集证据。如了解二人接触交往情况的证人证言、短信往来内容、网络聊天记录等。在这些生活化的细节中，都可能明示或暗示地透露出行为人是否了解被害人真实年龄的信息。

三、熟人之间性侵害案件

近年来，同学、同事、朋友等熟人之间发生的性侵害案件比例越来越高。从场所来看，这些案件通常发生在家中、宿舍、私家车内甚至宾馆房间，现场多数较为封闭；从双方当事人对案件陈述的情况看，被告人通常会辩解被害人系自愿与自己发生性关系，被害人本身也可能隐瞒有关事实细节；从证据调取的角度看，经常会出现被害人报案不及时导致客观物证较少的情况出现，言词证据"一对一"情况突出，双方发生性关系是否违背妇女意志不易判断；从处理结果看，近三年来北京市海淀区人民检察院作存疑不起诉的10件强奸案件中，全部都是发生在熟人之间。因此，无论是侦查阶段还是审查起诉阶段，此类案件在认定上都具有较高难度。从证据提取、收集和审查的角度来看，办理熟人之间性侵害案件应当注意以下问题：

1. 对于强奸案件而言，被害人与犯罪嫌疑人之间的关系是强奸罪是否成立的一个重要考量因素，这样的问题在熟人之间的案件中更为突出。因此办理熟人之间性侵害案件的审查重点，就是对于双方关系情况的审查判断。

一般而言，婚姻关系是男女之间最亲密的关系，在目前情况下婚姻内的强奸案仅在极其特殊的情况下才加以认定①。向外推，恋爱关系、情人关系、一般社会关系直至完全陌生人的关系，人的社会关系渐次疏远，事实上形成了一个人际关系上的"差序格局"②。尽管社会生活中人际关系的表现形式更为复杂，但在案件办理中，对于双方关系的判断和总体把握应当在审查性侵害案件中占据重要位置。例如，对于案发时处于恋爱期间的男女朋友关系，判定强奸罪的标准应当比其他案件更为严格。如秦某强奸案，犯罪嫌疑人虽然在性关系发生时对被害人有按压、被害人有推打表现，但两人案发时属男女朋友关系共同居住数月，女方当日并未报警，次日女方又主动询问犯罪嫌疑人是否愿意与其结婚但未获明确肯定，后女方在两人发生争吵、推打的情况下报案称前一日被强奸，最后未认定犯罪嫌疑人构成强奸罪。

之所以有上述差别，原因在于性侵害案件关涉社会伦理，当事双方的关系对于认定行为性质无疑应当具有重大影响。事实上，这种社会关系的亲疏往往也是实践中判断犯罪嫌疑人辩解以及被害人陈述是否合理，判断被害人行为方式是否妥当的基础。

司法实践中，能够证明双方关系的有关证据，除了双方的言词证据外，常见的证据还包括如双方的通话记录、短信或网络聊天记录，案发现场或附近的监控录像（如可能拍摄两人是否牵手），以及有关知情人的证言等。有的案件当事人曾有男女朋友关系，但犯罪嫌疑人辩解称两人仍在交往，但被害人事后坚称两人早已分手。这种情况下，既不能听信犯罪嫌疑人辩解，也不能轻信被害人，应当在全面调取相关证据的情况下核实双方关系的实际状况。

2. 在收集审查证据方面，这类案件应当特别重视对客观性证据的调取，如重视勘验、检查以及提取有关物证、书证等。具备条件的案件，侦查人员应第一时间对案发现场进行全面、细致的勘查，提取包括避孕套、作案工具、阴

---

① 参见王作富主编：《刑法分则实务研究》（中），中国方正出版社第5版，第757页；张明楷：《刑法学》第4版，法律出版社2011年版，第777页。还可参见《刑事审判参考》第20号、第51号案例，白俊峰强奸案、王卫明强奸案，载《中国刑事审判指导案例三·侵犯人身权利、民主权利罪》，法律出版社2009年版，第375—378页。

② 参见费孝通：《乡土中国二·生育制度》，北京大学出版社1998年版。

道分泌物、可疑斑迹等在内的重要物证。同时应对犯罪嫌疑人、被害人进行身体检查，通过拍摄清晰彩色照片予以固定。审查起诉阶段，应审查勘验、检查的全面性和完整性，审查物证等实物证据的来源，并审查鉴定是否存在遗漏等情况。对于案件有关物证，以照片形式反映的，必要时应当核实有关物品的具体特征，如被害人衣物是否完整，犯罪嫌疑人皮带是否有卡扣等。

3. 对在宾馆房间、大厦社区内发生的犯罪，应当调取开房退房记录、进出小区记录、服务人员或保安证言、当事人以及第三人等重要的相关人员进出停车场、进出宾馆或大厦、社区以及进出房门的完整监控录像。公诉人应当着重审查监控录像调取是否完整、画质是否清晰。关于调取内容是否完整，主要应当结合对于认定案件事实有益来进行判断。如崔某强奸案中，公安机关调取了犯罪嫌疑人来去酒店的监控录像，但没有分别调取被害人、被害人母亲、现男友三人从入住到离开酒店的所有录像，而上述情况对于判断是否存在被害人设套诬陷犯罪嫌疑人的情况，进而审查判断整个案件的性质具有十分重要的作用，这就属于未完整调取录像的情况。办案实践中，必要时，要对于宾馆有关服务条款、大厦营业时间等辅助性事项也应当进行查证，这些对于认定案情都起到重要作用。

4. 熟人之间的性侵害案件，往往争议的焦点不在于性行为是否发生，而是行为是否违背妇女意志。犯罪嫌疑人常常提出双方发生性关系系出于自愿，或者系出于半推半就。在这种情况下，对于性行为是否违背妇女意志的认定以及对于行为性质的判断，除了利用证据审查判断案发时当事人的关系以外，还需要利用证据查实性行为发生的环境和情况、事发后女方的态度以及告发的具体情况，并在此基础上加以全面分析审查①。

具体而言，关于性行为发生的环境和情况，应当着重从犯罪嫌疑人以及被害人两方面进行核实，对于两人怎样到达案发地点，怎样脱下衣服，特别是内衣、胸罩等，其间有何言语表现等细节，应当详细核实。实践中，公诉人对于重要的细节，可以开展有针对性的询问。上述情况可以进一步通过有关伤情证据、鉴定意见等加以判断和印证。关于事发后女方的态度，除了双方言词证据外，还应当调取案发后双方电话或者短信聊天往来的记录，查实有无相关书信或者见面交涉的情况，是否谈及赔偿等情况。关于告发的具体经过，除了被害人陈述，还可以调取有关知情人证言以及有关聊天记录等，并注意审查双方是否存在其他矛盾纠纷等。最后，重要的是要在调取上述证据的基础上，对于案

---

① 参见 1984 年最高人民法院、最高人民检察院、公安部《关于当前办理强奸案件中具体应用法律若干问题的解答》第 3 条。

件事实进行全面地审查分析。

四、与通奸相关的强奸案件

通奸是指双方或一方有配偶的情况下自愿发生不正当性关系。强奸和通奸在理论上不难界定，诸如求奸不成与强奸未遂，强奸与通奸的转化（包括通奸后强奸、强奸后通奸等）等问题，定性方面已经形成广泛共识。但司法实践中，问题主要在于证据收集和采信导致案件难以认定，这类案件证据收集的难度要比一般熟人之间的强奸案件难度更大。

从总体上看，这类案件中当事人的关系一般持续了一定的时间，妇女的告发动机也往往比其他普通的强奸案件更复杂。而案发后当事人对于两人关系的叙述往往相互矛盾甚至大有出入。办案过程中应当尽力全面调取证据，证实双方平时之间的关系及发展、变化，发生性关系的时间、地点、环境，犯罪嫌疑人的具体手段，女方事后的态度，告发的原因等，并进行全面分析。例如，有一起案件中被害人 2013 年报案称，自 2011 年 4 月始被姐夫多次强奸导致自己怀孕并引产，但因对方以散播此事相威胁，且自己考虑姐姐的家庭幸福，故一直没有报警。犯罪嫌疑人辩称自己确与女方多次发生了性关系，但系双方自愿，不存在强迫行为。审查起诉过程中，公诉人调取到关键证人——被害人房东的证言，该人证明两人曾在 2012 年租住其家中，关系良好。结合案件客观情况判断，犯罪嫌疑人并没有对被害人采取任何限制人身自由的强制手段，在长达两年的时间里，被害人可以采取多种方法避免与其接触，犯罪嫌疑人本人可能也怕事情败露，其也可以报警处理。因此，整个案件无法排除两人为情人关系的可能性，最终公诉人未认定强奸事实。

五、陌生人之间性侵害案件

陌生人之间发生的性侵害案件，多为男性利用天黑拦路实施强奸、猥亵行为，也有尾随入户实施强奸的案件。从司法实践看，除案发后被害人死亡的案件以外[①]，这类性侵害案件报案一般较为及时，物证痕迹等证据的留存相对比较完整，犯罪嫌疑人犯罪的主观故意也比较容易认定。但由于当事双方一般互不相识，如何正确识别并查获犯罪嫌疑人存在一定难度（当场抓获除外）。

1. 由于此类案件报警相对及时，犯罪现场及周边进行勘验、检查的条件

---

① 如强奸杀人案件，这类案件从管辖来看一般不属于基层检察机关管辖范围，而由上级检察机关受理。

相对较好。对于室外案件，应当注重对案发周围环境、照明情况、可视距离等方面进行勘查；对于行为人入户实施犯罪的情况下，要对门窗、门锁等部位进行重点勘查。着重提取指纹、脚印、血迹等物证痕迹、打斗痕迹以及犯罪工具等相应物证。从审查起诉的角度看，公诉人应当加强审查勘验、检查是否合法、全面、及时、细致，防止重要物证来源不明、收集不全以及未作鉴定等情况。

2. 对于被害人应第一时间进行人身检查，如有擦伤、抓伤或者勒伤，有关伤情证据应当通过拍摄伤情照片、就诊等方式加以固定。对于性行为发生的情况，除了在勘验过程中提取可疑精斑、毛发等物证外，也应当提取被害人阴道擦拭棉签等并交付鉴定，以查实是否奸入。

3. 由于被害人与犯罪嫌疑人不识，案件审查过程中应当在明确向被害人了解犯罪嫌疑人的人数、形体、面貌、口音、年龄、衣着、身体特殊标记等的基础上确定犯罪嫌疑人并组织辨认。由于案发时间紧迫，被害人受到侵害后受生理、心理等因素影响，也可能出现错误辨认[①]，公诉人应当加强对被害人辨认过程、结果以及笔录的审查，并通过听取犯罪嫌疑人辩解，调取案发现场监控录像等进行核实。

六、利用其他手段实施性侵害案件

利用暴力、胁迫以外的迫使被害人不知反抗或者不能反抗的手段，一般认为包括以下手段：（1）采用药物麻醉、醉酒等类似手段；（2）利用被害人出于醉酒、昏迷、熟睡等状态乘机实施奸淫；（3）利用被害妇女愚昧无知、采用假冒治病或以邪教组织、迷信等骗奸妇女等。实践中较多的是利用被害人醉酒实施强奸或者强制猥亵。2010 年北京市海淀区人民检察院共起诉 20 起利用被害人醉酒实施的强奸案[②]。其中 21 名被害人醉酒的原因均为与犯罪嫌疑人共同饮酒所致（包括二人单独饮酒以及有其他人在场情况下饮酒）。不足30% 的犯罪嫌疑人供述称在与被害人饮酒时即起犯意，并有对被害人劝酒、灌酒的行为。70% 以上的犯罪嫌疑人称酒后才起犯意。被害人中有 7 人完全不知反抗或不能反抗，另外 14 名被害人由于犯罪嫌疑人使用暴力而有不同程度的

---

① 1984 年发生在河南的魏清安案件就是由于被害人误认和办案人员不负责任而发生的一起冤案，后获得平反。参见腾讯网：http://news.qq.com/a/20100721/000016.htm "媒体回顾 26 年前小伙被误当强奸犯枪决洗冤录"。

② 余欢欢：《女性醉酒后遭受性侵害类案件呈现五大特点》，载《海淀检察工作简报》2011 年第 101 期。

反抗，其中 7 人因犯罪嫌疑人的暴力而造成轻微伤结果。在犯罪形态方面，近 80% 的犯罪嫌疑人达到既遂，另有 20% 的犯罪嫌疑人因被害人反抗而未遂。

一般而言，被害人饮酒或者醉酒的情况下受到性侵害的案件，被害人因其感知能力下降，其陈述难以像其他案件中的被害人那样全面、细致，因此对被害人的取证和审查重点应该放在其所知晓的事实部分，审查过程中重点结合其他证据包括无利害关系证人证言以及其他客观性证据加以审查。而犯罪嫌疑人在这类案件中往往可能辩解案发时系"自愿"，未见被害人明显反抗等，但不能根据被害人未作反抗的表象来判断行为的性质。利用假冒治病或者封建迷信实施性侵害也是这种情况，被害妇女往往因自身素质不高陷入错误认识，被行为人蒙蔽或者盲从导致受到侵害，犯罪嫌疑人也会辩解双方自愿，要在证明侵害行为的实际发生的基础上，运用证据进一步证明案发过程中因有关手段的运用而陷入了不知反抗或无法抗拒的状态，通过这些工作抓住本质从而准确认定案件事实。

利用药物麻醉实施性侵害的案件比利用被害人醉酒实施性侵害性质上更为恶劣。这类案件取证要求更高，应当尽力调取有关证据证明犯罪嫌疑人产生犯意、取得涉案药物毒物以及利用药物等事实。药物来源可以从犯罪嫌疑人具备接触药物途径（如药店、实验室、医院等）入手来考虑；而具体利用药物的情况，除犯罪嫌疑人供述以及被害人自述的有关身体反应方面的证据外，还应当尽力调取有关容器、针剂等作案工具和物证，必要时对有关物证进行鉴定。当然，即便鉴定结果体现出药物成分，但是否为犯罪嫌疑人为实施犯罪所为还需要进一步的证据加以证明，不能直接认定犯罪嫌疑人利用药物实施性侵害。如付某某强制猥亵一案中，被害人关某某与犯罪嫌疑人在外出差期间，两人在关某某宾馆房间内聊天，被害人称自己肚子疼，喝过犯罪嫌疑人为其准备的红糖水，之后就觉得晕，醒来发现自己的睡裤和秋裤被脱掉，而犯罪嫌疑人还在房间。案发后从被害人关某某送检血液中检测到安眠药成分，在起获的水杯水样中未检测出常见毒物。由于无其他证人证明犯罪嫌疑人购买过安眠药，也无证据表明犯罪嫌疑人将安眠药投入红糖水中致其昏迷，本案中是否成立猥亵需要依照其他证据进一步判断，但至少无充足证据证实本案犯罪嫌疑人付某某系利用药物实施猥亵。

七、特殊人群受性侵害案件

当前，歌厅、酒吧、洗浴等娱乐消费旺盛，卖淫嫖娼等非法性交易行为往往寄生于上述场所，在一定范围内难以完全消除，这些非法场所和非法行为往往也是滋生其他犯罪的温床。司法实践中，以有关行业从业人员为对象的性侵害案件时有发生。从一般意义上，法律面前人人平等，妇女的性权利受到法律的普遍保护，并不因被害人的职业、身份而有所差别。但在具体案件中，行为到底是否属于非法的性交易行为，还是强奸等性侵害行为，需要根据证据加以全面审查后方能认定。

在这类案件中，犯罪嫌疑人往往会提出双方系自愿性交易的辩解。事实上，案件在取证方面可能也会有一定困难。如果确实存在所谓"出台"等不法性交易现象，被害人及有关证人（如经理、领班等）往往也不会主动承认有此情况，反而会刻意回避。因此审查此种类型案件，应当特别慎重。

一般而言，此类案件需要着重审查的是：

1. 应当通过调取有关言词证据以及书证，核实涉案区域一般服务项目以及价格，约定项目内容以及价格、地点为何，付款方式等，并核实审查犯罪嫌疑人以前是否来此消费，有无涉案场所的相关消费记录等。

2. 从场所、费用、人员等角度来具体分析和排除案件涉及不法性交易的可能性。如有的强奸案犯罪嫌疑人称系商量好了"出台"，但行为发生在歌厅包房附近的卫生间，结合常理判断以及其他证据，这与事实不符。有的案件中虽然存在有偿陪侍，但证据表明服务内容及费用仅限于喝酒唱歌等。这些角度都有助于排除案件涉及性交易的可能性。

3. 结合有关人证、物证等证据，对行为人与被害人离开酒吧等场所的情况、进入案发地点的经过以及发生性关系的具体经过、被害人的事后表现等关键事实细节，加以审查判断。例如一起强奸案中，被害人称被强奸，但犯罪嫌疑人辩称系嫖资纠纷，证据表明案发地点是宾馆房间，时间为凌晨时分，犯罪嫌疑人此前在 KTV 包厢内对被害人就有摸胸部等行为，且在 KTV 包厢就提出要求出台，在此情况下，被害人仍任凭犯罪嫌疑人将其从 KTV 包厢一直抱到犯罪嫌疑人的车上，再开车前往宾馆，没有反抗，从 KTV 包厢门口、大厅、宾馆大厅等地没有呼救。证人戴某送夜宵外卖到宾馆房间时没有呼救，也没有听见房间里有异样声音或哭声。另外有证据表明案发后被害人还主动要求高额赔偿。因此该案中是否确为强奸不能排除其他可能。

4. 审查此类案件还涉及所谓品格证据的问题。实践中，辩护人也往往以被害人生活作风有问题等提出辩护意见。但我国法律并未明确规定"品格证据"，有关情节在量刑中法官可能会予以考虑，但这不是犯罪事实认定中需要考虑的问题。有的被害人、包括证人可能会说谎，但是对上述证人证言的审查需要根据其本身的客观真实性以及与其他在案证据的印证情况来加以判断和分析。被害人的生活作风也不是在审查认定犯罪事实时考虑的对象，至多只是在考虑行为方式时作为办案人员判断和推理的某种参考。办理此类案件，主要应当密切围绕性关系发生当时是否违背被害人意志这一关键核心问题，结合证据情况审查事实并准确定性。

八、未及时报警案件

实践中许多性侵害案件被害人不是第一时间报案。一般而言，案发立即报警或者立即委托他人代为报警，或者案发次日报警等都可以认为属于及时报案，而案发后数日、数月甚至数年后才报警或者在陈述中提及案发事实，都属于不及时报案。在报警不及时的情况下，物证痕迹一般都不易提取或者早已灭失，现场可能早已变动，勘验、检查的意义不大。犯罪嫌疑人一般不会轻易承认性侵害事实。因此，这类案件的办理和取证难度更大。在这种情况下，办案重点应该放在言词证据的审查以及有关客观事实的印证上来。

1. 审查被害人陈述时应当注意其解释未及时报警的原因是否合理。一般而言，在奸淫幼女、猥亵儿童等案件中，报警不及时主要由于被害人年龄幼小，不知报警或者受到胁迫所致，这类案件的报案往往也是由监护人、朋友事后知晓并代为进行，这些都相对容易理解。但在强奸案件中受害妇女不及时报警的情况则十分复杂。被害人一般会自称案发后感到羞耻、顾忌名誉或者受到胁迫等，公诉人在审查办理案件中，需要结合被害人在案发之后的一系列表现来审查和判断其解释的合理性。

2. 由于案发后时间间隔相对较长，要求被害人陈述完全细致、准确是不符合人的认识和记忆规律的。因此，审查应当侧重于对整个案发事实的描述有无重大、明显出入、是否符合常理等方面，对于一些细枝末节的矛盾可以不必过多纠缠。但是，如果被害人对于涉案事实细节描述过于细致，公诉人也应当引起足够重视，不能轻易采信。如一起案件中，被害人王某某称犯罪嫌疑人一年之前在工地地下室将其强奸，但时隔一年之久，王某某陈述对于案发时的具体经过、动作、语言甚至衣着描述特别细致，这引起办案人员怀疑。

3. 这类案件中，如果物证缺失的情况下，犯罪嫌疑人还进行认罪供述，且供述内容与被害人陈述细节过于吻合，此时公诉人应当特别重视对证据合法性的审查。

4. 从取证思路来看，办案过程中，可以尽力调取被害人、犯罪嫌疑人朋友、同事等证言，以侧面查证犯罪嫌疑人与被害人案发时间段工作生活情况以及有无异常。还可以调取有关案发时间地点的客观性、辅助性事实。例如，案发当时是星期几，有关商店是否存在促销情况、案发当天的天气资料（如是否下雨、是否有雾等）、案发地点路灯等市政设备情况以及有关工程建设情况、水文资料等。通过这些客观性的事实辅助判断被害人陈述以及犯罪嫌疑人供述是否真实可靠。

第二节　性侵害犯罪案件证据审查认定实例

　　在审查案件的实践中，办案人员除了对单一证据的证据能力和证明力进行审查判断，还需要将全部证据材料结合起来，进行综合的审查判断，方能准确认定案件事实，进而做出司法决定。一般而言，对于证据证明力以及全案证据的综合审查判断，办案人员的内心确信占据重要地位，这与理性、经验、认知水平甚至良知等存在密切联系，因此是主观性很强的活动。国外的证据法一般不对此作出规定，而交由法官进行自由心证①。但证明力审查的主观性并不意味着办案人员对于证据证明力的审查以及事实认定就没有规律性可言。事实上，我国的刑事证据法规定了大量涉及审查判断证据证明力以及证据综合审查运用的规则，就在一定程度上试图将办案人员对于证据的审查判断予以客观化，并适当限制和规范司法的裁量，防止恣意擅断②。因此，有可能在把握法律规定和总结司法实践经验的基础上，针对实践中某一类案件的特点，对于证据证明力的审查判断和证据定罪的模式进行一定程度的归纳。

　　在办案实践中，全部证据来源、形式合法，犯罪嫌疑人自愿主动认罪，被害人陈述完整、有关被害人伤情、鉴定以及物证等客观性证据充分，证据之间互相印证并形成完整链条的性侵害案件并非少数，但这显然不是关注的焦点和探讨的重点。有相当一部分性侵害案件中证据组合并不完整，案件能否形成完整证据链条，能否达到性侵害案件的定罪证明标准显得不是很明确。这一部分案件的证据审查认定才是实践中性侵害案件办理的难点问题，因此，也应当成为关注和研究的重点。

　　为突出程序性审查的重要性，笔者首先简单论述证据合法性审查方面的实例（此处不求全面，只为说明实践中的问题）。其次，则根据一些具体个案来阐述公诉人对证据的综合审查分析。最后，作为探讨证明标准问题的重要组成部分，我们还将对司法实践中性侵害案件"存疑"的问题结合案件实例进行一定程度的总结和探讨。

---

　　①　参见田口守一：《刑事诉讼法》，张凌等译，中国政法大学出版社 2010 年版，第 270 页。
　　②　对此有多种理论上的批判和反思，陈瑞华概括为新法定证据主义，参见《以限制证据证明力为核心的新法定证据主义》，载《法学研究》2010 年第 6 期；参见李训虎：《证明力规则检讨》，载《法学研究》2010 年第 2 期。

一、证据合法性审查的若干实例

2012 年修改后的刑事诉讼法从法律层面确立了我国的非法证据排除规则，明确区分了瑕疵证据与非法证据的不同处理方式，对于规范侦查机关的取证行为，保护犯罪嫌疑人、被告人权利，维护程序公正具有十分重要的意义。从北京市海淀区人民检察院的办案实践来看，公安机关在性侵害案件办理过程中收集、固定证据方面的问题主要是瑕疵证据补正方面的问题，涉及非法证据排除的主要是犯罪嫌疑人、被告人提出口供系刑讯逼供后如何加以应对的问题。

1. 言词证据

实践中言词证据可能涉及非法证据的主要是犯罪嫌疑人口供。实践中被告人常在庭审阶段提出受到刑讯逼供。如赵某强奸一案，被告人在庭审中提出其有罪供述系刑讯逼供所作，辩护人也提出其在入所检查显示其身体有伤。法院审理过程中，公诉人出示了刑侦支队于赵某被抓获当日的工作说明，证实其双手腕皮肤破损、胸腹部皮肤擦伤、左上臂划伤分别系抓捕时戴手铐以及撂倒在地所致，赵某也已签字确认。另外，公诉人查找赵某所在看守所筒号的主管医师核实，证实其并没有因身体外伤求医的经历。公诉人遂认为被告人并未提供存在刑讯逼供的证据或线索，被告人及辩护人的意见未被法院采纳。

实践中，公诉人应当合理区分"威胁、引诱、欺骗"等非法手段取证与必要的侦查手段、侦查谋略之间的界限。这一问题可以从策略性讯问手段、侦查人员宣传国家政策、对被告人进行法律教育的行为、宽严相济的刑事司法政策，被告人对法律的误解是否系主观臆断等角度来加以判断。当然，如被告人确实提供了刑讯逼供的证据或线索，则公诉人要积极主动进行有针对性的调查核实，对于非法证据要争取早发现早准备早排除，真正把好审查起诉这个关口。

另外，侦查机关在收集、固定言词证据方面出现瑕疵的主要问题是被告人未签字、捺手印，或者缺少被害人签名，或者缺少侦查人员签名。这属于刑事诉讼法规定的典型瑕疵证据，通过有关办案人员的补正或者作出合理解释的，可以采用。

2. 物证、书证

实践中物证、书证取证的问题突出表现为，对于物证、书证的复制件，普遍没有与原件核对无误的说明，也不说明取证来源。目前法院办理的案件中，只要是物证、书证的复制件，基本上都没有与原件核对无误的说明。同样的问题还有物证照片、录像或者复制品，书证的副本、复制件没有制作人关于制作过程及原物、原件存放于何处的说明。如在余某某强奸一案中，侦查人员对被害人父亲提供的有关书证如被害人照片、涉案本田车照片，不加核实直接作为证据入卷。这导致有关证据的取证主体不合法，不能直接作为庭审证据使用。对于物证、书证提取移送的上述问题，应当通过类案监督的方式促使侦查机关进一步规范，不断强化侦查人员的取证合法性意识。

3. 鉴定意见

实践中，鉴定对象与送检材料不一致、送检材料被污染等问题在侵犯财产案件特别是多起盗窃中容易出现。但在性侵害案件中，因办案人员、鉴定人员相对更为重视，所以鉴定意见的问题主要体现在送检样本来源不明确。如一起强奸案中，在精斑鉴定过程中，侦查人员曾提取犯罪嫌疑人、被害人血样；在声纹鉴定过程中，曾提取犯罪嫌疑人、被害人声音样本，但上述两份鉴定意见的样本提取工作均未及时制作提取记录，这就造成鉴定检材来源不明的问题。以上问题在审查起诉中公诉人及时发现后，最终通过侦查人员补写办案说明的形式进行了解释说明。

4. 视听资料、电子证据

主要问题在于侦查机关通常忽视对视听资料提取、制作方法的说明。在我院办理的很多案件中，侦查机关随案移送关于犯罪现场的监控录像，但是基本上对该监控录像的制作和取得的时间、地点、方式等未作出解释或者说明。例如王某某强奸一案中，王某某的女朋友向侦查机关提供了王某某被抓前录制的录音文件，在该录音文件中，被害人承认与王某某系通奸的事实，但是由于公安机关在接收该证据时，未对证据的来源情况、证据的制作方法进行询问和记录，导致该份关键证据的效力陷入尴尬境地。最终公诉人要求侦查人员对证据的来源进行了补充说明。

二、始终不认罪案件的定罪实例

犯罪嫌疑人在到案后从始至终没有认罪供述，否认犯罪事实发生的案件在导致强奸案发生疑难的情形比例很高。在 2011 年至 2013 年，北京市海淀区人民检察院拟作存疑不起诉的 14 件性侵害案件以及北京市海淀区人民法院审判委员会研究拟作无罪判决的 3 件性侵害案件中，只有 2 件存在犯罪嫌疑人曾作出有罪供述，剩余 15 件案件犯罪嫌疑人自始至终均做无罪辩解，所占比例高达 88.2%。

与盗窃案件中缺失犯罪嫌疑人口供很容易导致案件缺乏直接证据，而且犯罪嫌疑人是否为盗窃案的实施人可能存在争议的情况不同①，性侵害案件中犯罪嫌疑人完全不认罪，并不会导致案件中只有间接证据，一般也不会导致对于作案人员同一性的误认。因为性侵害案件中有犯罪嫌疑人与被害人的直接身体接触，因此被害人的陈述（包括其辨认等）作为直接证据，可以对行为的时间、地点、经过以及犯罪嫌疑人的特征等加以证明。因此，在此类性侵害案件中，重点在于在审查被害人陈述的基础上，通过证人证言、客观物证等对被害人的陈述进行印证，对于证据之间的矛盾进行解释或者加以排除，从而达到证据之间互相印证的定案要求。下面以实际案例进行说明。

（一）韩某某强奸案——熟人之间、特殊手段

韩某某强奸案是一起心理咨询师利用工作之机对前来接受心理治疗的被害人进行强奸的案件。基本案情为：韩某某于 2012 年 12 月 22 日 18 时许，在其研究所内，以为被害人李某某（女，23 岁）治疗心理疾病为由，在被害人李某某不知防备、无法抗拒的情况下对被害人李某某实施了奸淫行为。

依照上述对强奸案件的类型划分，本案属于熟人之间（医生与患者）、特殊手段（心理控制）强奸案。其中，韩某某在侦查阶段均未供述犯罪事实，且拒绝在讯问笔录上签字。因此，综合、全面运用案件其他证据材料就成为认定事实和准确指控犯罪的关键。

首先，针对被害人李某某的陈述，公诉人重点从以下几个方面进行了审查：

1. 核实了被害人李某某在韩某某处历次心理治疗的情况，并核实案发当天的心理治疗的细节，从而明确了被害人李某某与韩某某之间，除了医患关系之外，没有其他关系，同时也明确了韩某某利用心理治疗的机会，逐步建立起被害人李某某对自己的信任的过程。另外，通过对心理治疗细节的了解，可以很容易判断出韩某某当时采用的所谓"性心理治疗"、"裸体治疗"等方法具有极大的荒谬性。

2. 由于本案属于特殊手段，即进行心理控制，使被害人误认为是正常治疗过程而不知反抗，进而实施奸淫的方法。所以，在运用被害人陈述时，公诉人将被害人当时的心理情况作为重点。被害人从受到蒙骗不知反抗到被奸入后猛然惊醒的这一特殊心理过程，是一种典型的亲验式的心理状态，只有经过亲身体验的被害人才能够说清，很难被伪造，具有极强的证明力。

3. 被害人在受侵害之后的一系列行为细节，如当即对韩某某进行斥责、

① 胡志坚：《盗窃案件的证据认定规则》，载《中国检察》第四卷，中国检察出版社 2004 年版。

跑出诊所后立即给亲人打电话、立即前往最近的派出所报案，都有利于对韩某某的控罪。

其次，全面调取了被害人在韩某某处诊疗的记录以及两人的网络通信记录。诊疗记录能够强有力的证明本案独特的案发背景，即"治疗心理疾病过程中"。本案中调取的诊疗记录和通信记录，有力地证实了被害人关于两人之间为普通医患关系的事实，因此两人并无其他特殊关系。

最后，综合运用现场勘查、DNA 证据与诊断证明，佐证相关案情。本案案发后，公安机关进行了较为详尽的现场勘查并对被害人身体进行了检查，提取到了相关的痕迹物证，并经过鉴定，与被害人及韩某某进行了同一比对。在认定案件事实时，公诉人将这些证据与被害人陈述结合起来，从以下几点进行了考虑：

第一，现场沙发垫上提取到被害人血迹以及被害人处女膜破裂的诊断证明。这两份证据强力支持了被害人关于自己案发时为处女的陈述，从而加强了被害人并非自愿、主动与韩某某发生性关系这一观点的可信性。

第二，现场沙发垫上提取到被害人血迹以及该沙发垫在勘查时为倒扣状的事实。这印证了被害人关于案件发生具体位置的描述，印证了被害人观察到韩某某将"染血的沙发垫扣过来"的这一细节，进而反映了韩某某出于心虚从而想掩盖犯罪痕迹的一种微妙的心理状态。

第三，被害人诊断证明及被害人阴道擦拭物中检测出韩某某精液的鉴定。这证明了本强奸案已经达到既遂。

通过上述的证据综合审查运用，公诉人在韩某某完全不认罪的情况下，指控韩某某构成强奸罪并依法起诉，得到法院判决支持，韩某某犯强奸罪被判处四年有期徒刑。

（二）郝某某强奸案——上下级之间、延迟报案

本案基本案情为：犯罪嫌疑人郝某某与被害人郝某甲（与犯罪嫌疑人同姓）系上下级同事关系。犯罪嫌疑人郝某某系某医院保安队队长，被害人郝某甲系该院保安。

2012 年 2 月 17 日，被害人经在某医院当保安的哥哥介绍到某医院应聘女保安，犯罪嫌疑人郝某某面试被害人后通知其于 2 月 20 日开始上班，当日郝某某安排被害人入住保安宿舍。2 月 18 日，被害人到某医院值班室找犯罪嫌疑人领保安制服，因被害人身材较胖，犯罪嫌疑人郝某某将被害人带至其居住的医院行政楼某宿舍内，找出一套男士旧制服，要求被害人在屋内更换，被害人表示不同意，犯罪嫌疑人锁上房门并要求与被害人发生性关系，被害人表示拒绝，犯罪嫌疑人遂以不让被害人上班相威胁，被害人因害怕表示同意，后犯

罪嫌疑人脱光自己和被害人的衣服，强行与被害人发生性关系并射精，当时被害人未反抗。

2012年2月27日14时许，被害人到值班室向犯罪嫌疑人郝某某请假回家，犯罪嫌疑人郝某某要求被害人到其宿舍与其发生性关系并以不让被害人回家相威胁。后犯罪嫌疑人与被害人到医院行政楼某房间，各自脱光衣服后，被害人先与犯罪嫌疑人口交、手淫，后被害人坐在犯罪嫌疑人身上，最后犯罪嫌疑人趴在被害人身上与被害人发生性关系后射精，当时被害人没有反抗。

2012年4月中旬的一天，犯罪嫌疑人查岗时，要求被害人到其宿舍，被害人先回自己宿舍后到犯罪嫌疑人宿舍，犯罪嫌疑人与被害人各自脱光衣服后，先后在房间地上、床上发生性关系后犯罪嫌疑人射精，整个过程中犯罪嫌疑人既未威胁被害人，被害人也未反抗。

4月30日14时许，犯罪嫌疑人郝某某电话将被害人叫至其宿舍，两人各自脱光衣服后，被害人与犯罪嫌疑人口交后，犯罪嫌疑人趴在被害人身上与被害人发生性关系并射精。在整个过程中犯罪嫌疑人未威胁被害人，被害人未反抗。

2012年五一期间，另一名保安队长李某某要求辞退被害人郝某甲，要求被害人月底到某医院领工资。5月底，被害人到某医院见到犯罪嫌疑人郝某某，郝某某称要开除被害人，被害人觉得委屈，便将犯罪嫌疑人郝某某强行与其发生性关系的事情告知另一位保安队长李某某，李某某通知被害人父亲。被害人父亲遂要求犯罪嫌疑人赔偿5万元人民币，犯罪嫌疑人始终未支付赔偿款，被害人父亲随即要求向某医院院长告发此事。2012年6月26日，因害怕被害人将事情闹大，李某某带领被害人到派出所报案。

被害人称自己系被犯罪嫌疑人强迫与其发生性关系，自己并非自愿，因害怕失去保安工作，其不得已与犯罪嫌疑人发生性关系。犯罪嫌疑人郝某某则完全否认曾与被害人发生性关系，辩解称两人系普通同事关系。现被害人要求依法处理犯罪嫌疑人。

本案属于同单位上下级之间、且延迟报案的强奸案，其中被告人郝某某在侦查阶段均未供述犯罪事实。因此，综合、全面运用案件其他证据材料就成为认定事实和准确指控犯罪的关键。

针对被告人的辩解，公诉人重点从以下几个方面进行了审查和论证：

第一，被害人郝某甲（女，25岁，系某医院保安队员）称犯罪嫌疑人郝某某于2012年2月18日至4月30日期间，在医院行政楼郝某某宿舍中以工作为要挟四次将其强奸，并详细说明了强奸的过程和医院行政楼某房间的房间状况，其对房间状况的陈述与现场勘验、检查的结果相吻合。另外，由于被害人郝某甲报案时距其所称最后一次强奸发生已间隔了近两个月时间，所以未能在郝某甲身体上或其所称的犯罪现场取得任何物证痕迹。但被害人丈夫张某某则提到过被害人在2012年三四月的时候言语有些偏激、有点反常，从侧面印证被害人有遭受创伤的可能。

第二，证人李某某（男，36岁，系某医院巡逻保安分队长）、被害人父亲、保安队员张某某、郭某某均称被害人郝某甲曾告诉过他们自己被郝队长强奸的事情。而更为关键的是，其中证人李某某还称郝队长曾经对其承认过（默认）强奸郝某甲的事实，并让其从中协调此事。对于该细节的真实性，被害人的陈述、证人张某某证言均表明，队长李某某约他们谈过这件事，确实有从中协调的举动，这使队长李某某的证言内容得到了印证。对此，犯罪嫌疑人郝某某则只承认只与李队长说过赔偿的事，但称自己当时否认了强奸过被害人。

第三，证人李某某（队长）称被害人郝某甲平时请假郝队长从来不扣她的钱，郝某甲工资应该是1350元，却经常发1500～1600元，犯罪嫌疑人承认被害人工资比他人高是自己对其照顾的结果，并辩解称自己照顾郝某甲让她多拿工资是因为郝某甲是李某某介绍来的，李某某关照过让他照顾郝某甲。关于这一说法，李某某的证言并未提及，且被害人称是其兄长介绍过去工作的。被害人的工资能比别人多，由此可以推测犯罪嫌疑人与被害人之间应是存在特殊关系。

第四，精神疾病司法鉴定意见书虽证实被害人临床诊断边界智力，有性防卫能力，但也指出被害人韦氏成人智力测查智商74分，其智力水平低于常人，只是未达到智力缺损的程度。而被害人家人也称被害人智力有些低下，理解力差，证人李某某称因被害人平时表现一般，反应比较慢，对事情的理解也比较慢，不是很机灵，所以队里决定打算要把她给裁掉。这些都可以合理解释为何被害人在面对被侵犯时未及时报案，也未保留相应证据。

第五，现场勘验、检查笔录和照片详细显示了犯罪嫌疑人宿舍，即医院行政楼某房间的情况，与被害人的陈述相符，而犯罪嫌疑人却完全否认被害人进过自己的房间，这也导致其口供可信度大大降低。

第六，民警从犯罪嫌疑人郝某某宿舍起获的医院人名章和三枚外地派出所印章。某医院的证明材料显示犯罪嫌疑人郝某某所持有的人名章系伪造，证人李某某证明医院人名章并非郝某某本人伪造，但郝某某有利用人名章牟利的行为。派出所印章上所显示的单位出具的证明材料及证人证言、鉴定意见可以证实犯罪嫌疑人郝某某所持有的三枚派出所印章系伪造。郝某某称三枚印章是从其他保安队员处收缴的，并非自己伪造。公安机关的办案说明显示现在无法找到郝某某所说的保安队员，无法证实印章的来源，也没有其他证据可以证明此三枚印章由郝某某伪造。犯罪嫌疑人持有上述物品的行为虽不构成犯罪，但可以证实犯罪嫌疑人本身的品行存有问题。

综上所述，虽然犯罪嫌疑人拒不认罪，但被害人陈述一直很稳定，且详细描述了案发过程，证人李某某从侧面印证犯罪嫌疑人曾当其面默认了强奸罪行，结合其他证人的证言及对被害人进行的精神鉴定，公诉人认为可以排除犯罪嫌疑人的辩解。可以认定犯罪嫌疑人郝某某的行为涉嫌强奸罪。

通过上述的证据综合审查运用，公诉人在郝某某完全不认罪的情况下，指控郝某某构成强奸罪并依法起诉，得到法院判决支持①，郝某某犯强奸罪被判处四年有期徒刑。

三、翻供案件的证据审查实例

在司法实践中翻供有两种情况，一种是被告人庭前供述一致，但庭审中翻供；另一种就是被告人庭前供述存在反复，侦查或者审查起诉阶段被告人就出现翻供。对此，司法解释确立了两种不同的处理方式。对于前一种情况，最高人民法院《关于适用〈中华人民共和国刑事诉讼法〉的解释》第83条规定了优先采信庭前供述的规则，即"被告人庭审中翻供，但不能合理说明翻供原因或者其辩解与全案证据矛盾，而其庭前供述与其他证据相互印证的，可以采信其庭前供述。"也就是说，被告人在庭审中不能合理说明翻供原因或者其辩解与全案证据矛盾，而其庭前供述与其他证据相互印证的，可以采信其庭前供述。在司法实践中，如果被告人庭审中翻供，但其庭前有多份稳定供述（表现为口供笔录），其内容又与其他证据相印证，就可以认定其庭前供述的真实性。对于后一种情况，司法解释规定，"被告人庭前供述和辩解存在反复，庭审中不供认，且无其他证据与庭前供述印证的，不得采信其庭前供述"。这种情况下，被告人的庭前供述本身就不稳定，其有罪供述的证明力就受到严重的削弱，司法解释要求该供述需要得到其他证据的印证。

翻供问题在性侵害案件的审查起诉实践中表现也比较突出，犯罪嫌疑人起先作出有罪供述，之后又往往会以受到暴力、威胁、欺骗等非法手段逼供或诱供，笔录内容并非自己所述，自己没有看过笔录等理由否认先前的有罪供述。很显然，在翻供案件中，应当慎重审查犯罪嫌疑人先前有罪供述的证据能力，

---

① 法院认为，被害人关于被告人郝某某对其实施强奸的多次陈述稳定、一致，并与证人李某某所证实被告人郝某某曾对其说过"钱不是问题、不要把事情闹大"等言语、并让其帮忙协调处理被害人告他强奸的事形成相互印证，现有证据已经形成完整的证据链条，足以证明郝某某犯强奸罪的事实。

必要时应当对于取证合法性进行审查。对此前文已经有所论述，这里主要关注公诉人在审查起诉阶段针对翻供案件如何采信证据认定事实的问题。

按照上述司法解释规定的精神，公诉人对于供述和辩解的审查，应当是结合案件全部证据以及犯罪嫌疑人全部供述和辩解来进行。具体而言，首先，公诉人应当认真听取犯罪嫌疑人的辩解，审查犯罪嫌疑人翻供的理由，看其能否合理说明解释。其次，从证据印证角度来看，看其翻供前后的供述、辩解哪个能与全案证据相印证，哪个相矛盾，从而根据核实得出是否采信翻供的意见①。下面以实际案例加以说明。

（一）邵某某强奸案——同事之间、特殊手段

犯罪嫌疑人邵某某（男，27 岁）与被害人张某某（女，22 岁）通过双方均曾供职过的某公司单身 QQ 群结识。2012 年 5 月，邵某某通过 QQ 添加被害人并与之聊天，当日犯罪嫌疑人请被害人吃饭，此后两人通过 QQ、短信有过联系，但并未再次见面。两人聊天过程中被害人提及做饭手艺不错，犯罪嫌疑人提出要吃被害人做的饭，被害人一开始拒绝，后又提出可以来其暂住地做饭吃。7 月的一天，犯罪嫌疑人来到被害人住处，两人一起用餐后，犯罪嫌疑人将被害人抱进卧室并与之发生性关系。被害人在案发后几个月才报警称被强奸。

犯罪嫌疑人到案之后在侦查阶段共有五次供述，口供内容存在明显变化。第一、二次口供辩称自己喝醉了，但女孩没有喝醉，记不清楚两个人怎么到床上的，等清醒后就发现两人在床上了，其还称自己因为紧张而早泄了。第三次供述中，该犯罪嫌疑人承认自己在被害人不愿意的情况下其强行将生殖器插入后射精。但第四、五次供述该人称自己没有强奸，两人之前还跳舞，亲嘴，其认为男女之间相处在一起，感情到了一定程度亲吻很正常，被害人当时也没有反抗。

依照上述对强奸案件的类型划分，本案属于熟人之间（曾为同事）的强奸案、特殊手段（醉酒）强奸案。其中，邵某某在侦查阶段曾经作过有罪供述，但又翻供，否认犯罪事实，称双方是在恋爱期间自愿发生的性关系、张某某是因索财不成才告发自己，案件又发生在被害人家中。因此，如何正确厘清案发当时的双方的关系，分析言词证据合理性是审查本案的关键。

针对被告人辩解，公诉人重点从以下几个方面进行了审查：

首先，公诉人审查了犯罪嫌疑人在侦查阶段的全部供述笔录。犯罪嫌疑人在到案之后的前三次供述，包括认罪供述均有犯罪嫌疑人签名，审查起诉阶段

---

① 参见刘程：《如何做好强奸案件的证据审查工作》，载首都检察网公诉信息系统。

犯罪嫌疑人并未提出公安机关存在违法讯问等情况。在该供述中犯罪嫌疑人提及了自己"强搂"被害人，试图亲吻被害人脸颊、额头，且明确供述被害人有反抗以及躲避的情况，这与被害人陈述互相印证。该犯罪嫌疑人供述其生殖器插入被害人阴道时被害人喊"不要不要"，也与被害人陈述能够互相印证。在此后的两份供述笔录中犯罪嫌疑人拒绝签字，关于翻供的理由，仅称之前的供述是说错了，这缺乏合理根据；至于其在侦查阶段辩称自己对有关情节忘记了，也与犯罪嫌疑人作为一名成年男性的认知能力不符，明显不能成立。

其次，本案被害人在侦查阶段的两次陈述态度坚决，均称自己被强奸，要求依法处理，而且拒绝赔偿。被害人前后陈述没有出现前后不一、明显矛盾的情况，其均表示案发前两人并无特殊关系，自己请犯罪嫌疑人来家里吃饭只是回请；其间并没有特别亲密的举动，犯罪嫌疑人主动邀请其跳舞，还要亲吻其，其都明确表示拒绝；关于案发时发生性关系的经过，其称自己叫喊了，也有过反抗；事后自己让犯罪嫌疑人赶紧离开。在发生性关系之后，被害人称自己流泪，这一点在犯罪嫌疑人的认罪供述中也有供述。被害人称自己马上就将衣物、床单洗了，之后收到犯罪嫌疑人短信，也心软过，但想劝其自首，因此一直在联系。

再次，尽管被害人陈述相对稳定，但考虑到其案发后四个月报警，因此，需要重点核实有关细节及情况。

关于两人认识的情况。本案中公安机关调取了被害人朋友的证言，也调取到两人案发前的 QQ 聊天记录，被害人保留了两人来往的全部短信记录，包括事后直至报案短信（事后两人未通过其他方式联系）。从案发前情况来看，结合双方言词证据以及证人孙某证言，可以证实犯罪嫌疑人与被害人并无特殊关系。两人案发前只见面一次，聊天的内容比较平常，以一般性问候为主，且以犯罪嫌疑人更为主动。犯罪嫌疑人在接受公诉人讯问时也只是说自己想和对方处女朋友，"就主动联系过她"，因此两人并无特殊亲密的关系。

关于事后联系并报警的情况。证人孙某称其与被害人无话不谈，被害人事后告知其被一个男的欺负并"得逞"，且证实被害人情绪低沉，这与被害人陈述形成印证。另外，本案中的短信记录虽然不是直接证据，但上述记录客观反映了事发后被害人与被告人的交涉过程。被害人关于其事后交涉的客观情况与心理状态的陈述是可信的。被害人发给被告人的短信，是以斥责、谴责对方的行为为主，后期还有要求被告人自首的情况。关于短信来往的动机，被害人接受询问时称，其有取证的目的，且被告人提及父母，其就心软了；但之后被告人的态度发生变化，想要抵赖，于是其决定报警。被害人关于上述心理活动的陈述，与短信记录中两人交涉的客观情况是一致的。因此被害人陈述应予采信。不仅如此，短信记录显示，犯罪嫌疑人在案发当晚就主动给被害人道歉，称害怕被害人报警、坐牢，愿意用一生补偿等，这些行为从侧面反映出犯罪嫌疑人对行为的非法性存在认识。

最后，鉴于犯罪嫌疑人的翻供供述缺乏合理解释，且认罪供述能够与被害人陈述以及短信记录等客观性证据形成印证，因此不应采信犯罪嫌疑人翻供供述。考虑案发时犯罪嫌疑人与被害人之间的关系，现有证据能够证明被害人事前拒绝亲密行为，也无发生亲密关系的主观意愿。关于事后两人联络以及报警的经过，被害人已有合理解释。因此，被害人陈述的真实性较高。综合全案，应当认为犯罪嫌疑人的行为违背了被害人的意愿，因此邵某某被依法起诉，后该案获得法院有罪判决。

需要附加说明的是，邵某某强奸案也是一个物证缺失的性侵害案件。如前所述，物证在性侵害案件的证据体系中具有十分重要的地位。但实践中，由于种种原因，性侵害案件经常出现整个证据体系中缺乏任何物证的情况。如本案中的被害人案发后感到羞耻，马上洗掉了涉案衣物、床单，造成案件中物证人为灭失。还有的被害人报案时间距离案发时间比较长，案发现场变动，早已无法提取有价值的实物证据。此外，受侦查人员侦查意识与侦查水平等影响，侦查阶段未能及时提取相关重要物证，但审查起诉阶段已经不具备调取条件等。物证这种客观性最强的证据种类在性侵害案件中缺失，将直接导致整个案件的证据体系对于言词证据的倚重。在这种情况下，公诉人应当努力调取物证之外的其他客观性较强的证据，如有关书证、电子数据等，对于案件证据体系进行一定程度的补救。不仅如此，还可以通过调取和审查有关证人证言，如了解案发前后有关情况的证人、与被害人、犯罪嫌疑人事后有联系的人的证言，从侧面对当事人的言词证据进行印证。就邵某某强奸案而言，本案中的物证缺失在双方都承认性行为发生的情况下，没有影响到案件事实的认定与性质的判定。但在其他一些案件中，有可能影响具体的性侵害行为性质的判断（例如是否有伤情，到底是强奸行为还是猥亵行为等），对于此种证据链条上的缺失，更是应当通过其他方面证据加以完善和弥补。

通过上述的证据综合审查运用，公诉人在指控邵某某构成强奸罪并依法起诉，得到法院判决支持[①]，邵某某犯强奸罪被判处四年有期徒刑。

---

① 法院认为，本案没有证据证明被告人邵某某与被害人张某某处于恋爱关系；邵某某有关两人发生性关系的供述与张某某的陈述在重要细节上能够相互印证，能够证明张某某对发生性关系明确予以拒绝，事发后两人的通信记录也印证邵某某已经认识到强奸张某某的严重性，现有证据已经形成完整的证据链条，足以证明邵某某犯强奸罪的事实。

（二）孙某某强奸案——朋友之间、特殊手段

2010 年 7 月 27 日 20 时许，犯罪嫌疑人孙某某约被害人谌某（女，21 岁，某大学哲学系大四学生）到本市海淀区某影城看电影（两人系普通朋友），并在散场后一起到影城对面的大排档喝酒吃饭。之后被害人谌某已醉酒意识不清。7 月 28 日凌晨 3 时许，犯罪嫌疑人孙某某打车带着被害人来到车道沟附近的某宾馆 110 号房间内住宿，并于 13 时许两人一起离开。对于在宾馆住宿期间所发生事情，被害人称对于喝完酒之后的事记不清了，只记得模模糊糊中感觉身上趴着个人，是谁，在做什么都记不起来了。第二天醒来时发现自己和犯罪嫌疑人孙某某都光着身子在床上躺着。在 2010 年 7 月 28 日至 8 月 4 日期间，被害人谌某频繁与犯罪嫌疑人孙某某短信联络，了解在某宾馆 110 号房间发生之事，犯罪嫌疑人孙某某承认与被害人谌某发生两次性关系。2010 年 8 月 4 日 12 时许，被害人谌某到公安机关报案，犯罪嫌疑人孙某某被抓获归案。

本案属于熟人之间（普通朋友）的强奸案、特殊手段（醉酒无意识）强奸案。其中，孙某某在侦查阶段曾经做过有罪供述，但又翻供，否认犯罪事实。

本案证据所反映的相关事实及疑点：

1. 在本案中，犯罪嫌疑人孙某某与被害人谌某对于从相约看电影到大排档吃饭之间所发生的事实供证基本一致。在案证据能够证实两人相约看电影，在看电影的时候，因谌某口渴，犯罪嫌疑人孙某某便买了两杯奶昔，两人各一杯。谌某称喝奶昔的时候感觉味道有点苦，并在喝完后过了一会儿感觉电影的影像有点模糊，特别困，想睡觉，然后就没意识了，到电影散场被吵醒时还是晕沉沉的。对于奶昔犯罪嫌疑人是否做过手脚，没有相关证据可以证实。对于接着两人去大排档喝酒的事，被害人称自己大概记得去喝酒了，但具体细节记不清了。犯罪嫌疑人的供述则称看完电影后是谌某提出去喝酒的，并且最后喝醉了。

7 月 28 日凌晨 2 时许，犯罪嫌疑人与被害人离开大排档到车道沟附近的某宾馆住宿，并在宾馆前台进行了登记，结合证人刘某某（某宾馆工作人员）的证言可以证实当时谌某处于醉酒意识模糊状态，被犯罪嫌疑人孙某某搀扶着进了房间，同时证实两人在第二天 13 时许同时离开宾馆，退房时均很平静，没有争吵。

2. 对于本案中的核心问题，即犯罪嫌疑人孙某某与被害人谌某在宾馆房间内到底发生了何事，双方陈述存在矛盾：（1）被害人称对于喝完酒之后的事情都记不清了，只记得模模糊糊中感觉身上趴着个人，是谁，在做什么都记不起来了。第二天醒来时发现自己和犯罪嫌疑人孙某某都光着身子在床上躺

着。（2）犯罪嫌疑人在逮捕之前的供述中均承认其趁着谌某醉酒意识不清，在宾馆房间内先后两次与谌某发生了性关系。逮捕之后，犯罪嫌疑人便进行了翻供，辩称两人进房间后便各自洗了澡，然后躺在床上各自睡觉，衣服都未脱。对于之前为何认罪，其称警察告诉他承认了强奸的事，赔点钱调解就没事了，对于具有大专文化程度的犯罪嫌疑人来说，此翻供理由显然可信度比较低。

3. 本案的另一关键问题在于事后犯罪嫌疑人孙某某与被害人谌某关于当天发生何事所进行的谈话。结合双方的陈述，可以证实在事后谌某问犯罪嫌疑人当天两人之间发生了何事时，犯罪嫌疑人曾发短信称两人发生了两次性关系，同时还说不让谌某报警，不然事情传出去对双方都不好。而在翻供之后，犯罪嫌疑人辩称之所以发那样的短信，是骗谌某的，两人之间并没有发生性关系，其只是出于好奇的心理，想看看身为同性恋的谌某在得知这样的事后是什么反应，逗谌某玩的，并觉得谌某不会报警。既然是逗谌某玩的，那么警察找到其后，其并没有说明情况，对此给出的理由是"警察说让我承认和谌某发生性关系就放了我，所以我就说和谌某发生了性关系"。犯罪嫌疑人的上述翻供理由及辩解不足以让人信服。

在2010年7月28日至8月4日期间，被害人谌某频繁与犯罪嫌疑人孙某某短信联络，针对具体所发短信内容，被害人谌某陈述为犯罪嫌疑人向其发短信"你不会是不情愿的吧？"，其回称"我怎么可能是情愿的呢"，并向犯罪嫌疑人提出进行赔偿，但没说具体数额，而犯罪嫌疑人则回短信说"这是两相情愿的，提钱就不好了，并且报警对谁都不好"。对于上述短信内容，因被害人已删除，且无法恢复，没有相关证据可以证实。

同时，对于被害人谌某为什么在事发一周左右后才报警，谌某称是因为怕对自己影响不好，同时也有点可怜犯罪嫌疑人孙某某，因为我们是老乡，但心里一直过不了这个坎，后才下定决心报案。

对于此案，犯罪嫌疑人孙某某的前后供述明显矛盾，在逮捕之前的供述中承认趁被害人谌某醉酒意识不清之机而与其发生两次性关系，逮捕之后则完全翻供，但其不能自圆其说，辩解理由牵强，缺乏合理性，让人不能信服。同时，被害人谌某虽记不起详细的事情经过，但模糊中感觉身上趴着个人，是谁，在做什么都记不起来了，并在第二天醒来时发现自己和犯罪嫌疑人都光着身子在床上躺着，这与犯罪嫌疑人翻供前的供述可以印证。

从案发后谌某的反应来看，包括其与朋友及欧某某和邓某某的交流，以及其是同性恋的事实，可以推测出其感觉自己是被强奸了，且其存在矛盾心理，不知该不该追究犯罪嫌疑人孙某某刑事责任。综合以上，在犯罪嫌疑人的辩解不合理的情况下，结合被害人的模糊记忆及其心理状态和同性恋的事实，从自由心证的角度出发，可以得出犯罪嫌疑人孙某某趁被害人谌某醉酒意识不清之机，违背其意志，而强行与其发生了性关系。

鉴于犯罪嫌疑人的翻供供述缺乏合理解释，且认罪供述能够与被害人陈述以及短信记录等客观性证据形成印证，因此不应采信犯罪嫌疑人翻供供述，可以认定犯罪嫌疑人孙某某的行为涉嫌强奸罪。综合全案，应当认为犯罪嫌疑人的行为违背了被害人的意愿。因此，孙某某被依法起诉，得到法院判决支持[①]，孙某某犯强奸罪被判处四年有期徒刑。

四、徐某强奸案——"违背妇女意志"的认定实例

强奸案件的审查重点在于对"是否违背妇女意志"的认定。在一些明显利用暴力手段（如拦路劫持等）实施强奸的犯罪中，认定"违背妇女意志"难度不大，而另外一些案件特别是熟人之间发生的性侵害案件中，在案证据很容易证实性关系的发生，但对于是否违背被害人意志双方说法截然不同，或者证据表明行为人没有明显地实施暴力、威胁手段，妇女也没有明显反抗行为。在这些案件中如何运用证据准确认定"是否违背妇女意志"，往往成为办理案件的重点和难点。

犯罪嫌疑人徐某（男，24岁，无业）是被害人廉某某（女，25岁，某大学研究生）高中老师的儿子，案发前两人曾见过一次面。2012年10月23日两人约好了见面，当天吃完晚饭已经是晚上十点多，徐某提出去看夜景，后徐某驾驶一辆轿车带着被害人往某公园开，后徐某将车停在了一个花卉市场南门路边，之后在该轿车后座上两人发生性关系。10月29日，被害人报案称被强奸，徐某被公安机关抓获后辩称被害人并无明显的反抗语言及行为，自己也没有威胁或者强迫。因报案不及时，侦查人员虽然对涉案车辆进行了勘查，但未在车内提取到相应物证痕迹。侦查人员提取了被害人阴棉以及所提交的内裤以及裤子，后经鉴定，上述检材上的DNA均为被害人自己所留。被害人进行了妇科检查，但身上无伤情。另外，侦查人员提取到事发后两人短信往来的记录。

本案属于熟人之间发生的强奸案，且两人还有相约见面、共同游玩的情

---

① 法院判决认为：被害人谌某与被告人孙某某系普通朋友，且被告人孙某某明知被害人所在学校距离其入住的宾馆较近，却选择将被害人送至宾馆而非学校，并同被害人同室在宾馆滞留至当日上午；且被害人谌某的陈述中提及感觉有人趴在其身上，该细节与被告人的有罪供述相吻合，故被害人的报案陈述真实、可信，结合证人证言，也可以间接印证被害人谌某某遭被告人孙某某性侵害的结果存在。

节。因此，如何判断双方发生性关系是违背了被害人意志是定案的关键。对此问题，案件承办人证据运用的思路如下：

首先，鉴于本案没有旁证，被害人陈述是本案中直接证明犯罪嫌疑人有罪的证据，公诉人结合其他证据对被害人陈述的内容进行了认真审查分析。

1. 被害人在公安机关的两次陈述细节上虽然有一定矛盾，但是就案发时自己不同意发生性关系，被害人一直稳定陈述，其始终称自己当时有反抗，亲嘴的时候自己就来回摇头躲避，徐某解其裤子时其曾央求并用手掰徐某的手，对方用言语威胁，后趁其迟疑时徐某用力将其裤子和内裤一起扒下了。关于案发时两人的关系、见面的经过等，被害人陈述与犯罪嫌疑人供述能够互相印证。

2. 由于证据显示案发后犯罪嫌疑人开车送被害人回家，这一点似乎不合理，另外有关短信记录的内容也有一些变化，公诉人让被害人对此进行了进一步的解释。在补充陈述中，被害人称事发后自己本来想自己走，但不知道那里是什么地方，徐某当时提出送其回家，自己不知怎么办就让他送了。从案发周围的情况来看，案发地点位于河边的一条小路，较为偏僻，人比较少，且案发时间为22时之后，因此被害人案发后也未能自己下车而是依赖犯罪嫌疑人将其送回，这是较为合理的。被害人还称，回家的路上徐某让其不要对外说，并称会陪其渡过难关，其也觉得这事见不得人就答应了；后来又想让他进行物质和时间上的安慰，但对方没有理她，只是一直说不要将这件事告诉别人，他会处理；10月26日其去医院还去做检查，很害怕，就将此事告诉父亲之后报警。被害人的上述陈述与短信记录的时间顺序、主要内容以及妇科检查报告证明所反映的诊断经过以及结果都是一致的。

结合被害人作为一名女大学生的身份以及案发地点确实较为偏僻的情况，公诉人认为被害人对未及时报警的解释符合常理。对于案发后有关短信的解释可以证实被害人对于发生此事不知道如何处理，心理上出现了一定波动，这一心理变化过程也具有合理性。因此，公诉人认为被害人的陈述比较合理，其效力更高。

其次，本案犯罪嫌疑人虽然辩解称自己没有强迫或者威胁，但是一方面，其供述中仍然承认了自己与被害人只是第二次见面，两人此前并没有特殊关系；该人还承认自己主动亲吻被害人时被害人就摇头了，其供述与被害人陈述可以印证。犯罪嫌疑人的供述称自己生殖器插入被害人就喊疼，案发时并没有来得及射精，这与被害人陈述以及内裤上未提取到犯罪嫌疑人精斑也是可以印证的。案发时性行为仓促结束并且被害人马上自己穿上裤子也表明被害人对于性行为的发生并非自愿。犯罪嫌疑人虽然提出被害人案发后曾向其索要钱财，数额最高达到十万元，但并没有证据予以证明，且即使被害人事发后提出过赔偿，这可能只是被害人在受到伤害后想要补偿，与案发时被害人是否自愿并没有直接关系。

最后，综合全案证据以及双方当事人的关系、案发的时间环境以及本案告发的经过，公诉人认为，本案证据之间指向的事实是清楚的，能够互相印证，可以认定本案中被害人对于案发时性行为的发生主观上并非自愿。最终，犯罪嫌疑人徐某以强奸罪被提起公诉，获得法院有罪判决。

五、段某某强奸案——相互矛盾的言词证据的审查实例

强奸案中，由于案件性质本身的敏感性以及当事人、证人与案件之间可能存在的复杂关系，故犯罪嫌疑人、被害人及证人对于案件事实描述的言词证据有可能存在完全相反的情况，当事人和证人本人的言词证据也可能发生变化，故如何运用言词证据之间的矛盾，实现辨明真假的目的，就成为强奸案件中审查起诉过程中需要具备的至关重要的能力。

基本案情：2013 年 11 月 25 日 4 时许，犯罪嫌疑人段某某在本市海淀区三里河某小区地下室，趁被害人王某某（女，26 岁）熟睡之机，采用捂嘴、摁压等暴力手段，欲强行与其发生性关系，后因被害人反抗及被害人丈夫郑某某发现而未得逞。当日，犯罪嫌疑人段某某被公安机关抓获。经查，被害人王某某面部肿胀，但不构成轻微伤。

本案的证据主要有犯罪嫌疑人段某某供述、被害人王某某陈述、证人郑某某（被害人丈夫）证言、证人农某某（犯罪嫌疑人妻子）证言、现场勘验检查笔录、诊断证明、到案经过等，因现场并未勘查到任何与本案有关的痕迹物证，故本案的证据审查重点主要在两名当事人及两名证人的言词证据上。且四人相互之间存在错综复杂的关系，郑某某、农某某既是本案的现场证人，又分别为被害人、犯罪嫌疑人的配偶，犯罪嫌疑人与被害人丈夫又系上下级同事关系，四人居住在两间相邻的地下室出租房内。

犯罪嫌疑人段某某对于强奸被害人一事始终表示否认，辩解内容主要如下：自己与被害人在案发前即存在不正当男女关系，曾约好案发前一天去咖啡馆约会，后犯罪嫌疑人失约。案发当日其看见王某某家"关着门，但是门没有锁，就推门进去，进到王某某家里，当时王某某在床上躺着，穿着睡衣，醒着，屋里开着灯"，并称自己后来站在床边，王某某坐起来，后犯罪嫌疑人段某某向王某某解释失约的事情。大约一两分钟后，被害人丈夫郑某某进来，并问段某某干什么呢，段某某称找王某某有点事，郑某某就骂段某某和王某某，并踹了王某某一脚。郑某某进屋后，其妻子农某某听见声音就进来了，后郑某

某报警。同时辩称自己和被害人没有任何身体接触，且一开始供述辩称没有任何人打过自己，后又辩称郑某某只是推了自己几把。

被害人王某某陈述否认自己和段某某存在不正当男女关系，但称段某某曾经骚扰过自己，同时称在案发当日，王某某光着身子关着灯在屋内睡觉时，被人抠摸身体，起先以为是丈夫郑某某，后发现是郑某某的同事段某某，后极力反抗，但段某某仍旧"用左手捂着我的嘴，用右手去解裤腰带，整个身子压在我的身上，把我压到床上，然后段某某就把裤子脱到脚边，露出生殖器，要把生殖器塞到我的阴道里"，后因生理原因一直未成功，后郑某某从外面进来，打了段某某几下，后农某某也过来了，后王某某穿上衣服，郑某某打电话报警。王某某同时称自己知道丈夫习惯在值夜班时中途回来一趟。

证人郑某某证言称"当走到我租的房子门口的时候听到里面有可疑的声音，像是我妻子被捂嘴喊不出来的声音。我就进去，发现我们保安班长（段某某）下身裤子退到身下，生殖器裸露，趴在我媳妇王某某身上正在性交，当时我媳妇没有穿衣服。我看到这个情况我很生气，我就上去踹了段某某几脚，打了几拳"，段某某并没有还手，后证人农某某也来到案发现场，郑某某让王某某穿上衣服，郑某某自己报警。

证人农某某证言称自己案发前就怀疑丈夫和被害人存在不正当男女关系，并称自己曾经有一次差点撞见两人发生性关系。案发当日"我听见吵架声音，我就出去看看什么情况，我发现在我们地下室走廊里面，住在我们隔壁的郑某某正在打我老公的头，我老公是穿着衣服，只见郑某某用脚踢我老公的腿，打完后我们三个人就进了郑某某的家，这时候郑某某的妻子王某某还在床上，没穿衣服，赤裸着身子，我们进去以后王某某从床上起来，穿上衣服，郑某某让王某某报警，王某某没有动，然后郑某某上去踢了王某某两脚，然后就自己报警了"。

在本案中，四份言词证据的提供者关系密切，均与案件有利害关系，需要认真审查每一份证据的客观性、关联性，特别需要分析各份证据之间的不一致、矛盾之处。仔细分析可以发现，犯罪嫌疑人的口供存在以下与其他三份言词证据不一致之处：

第一，犯罪嫌疑人辩称被害人当时穿着睡衣，而被害人、两名证人均证实开始被害人是光着身子，郑某某、农某某两人发现后才穿上衣服；

第二，犯罪嫌疑人称被害人一开始是躺着的，后来坐起来，但被害人和郑某某均称被害人被犯罪嫌疑人压在身子底下；

第三，犯罪嫌疑人辩称自己只是站在被害人床前和被害人说话，和被害人没有身体接触，但被害人和郑某某均证实犯罪嫌疑人生殖器裸露，趴在被害人身上欲与其发生性关系；

第四，犯罪嫌疑人一开始辩称郑某某没有打过自己，后又说郑某某只是推了自己几把，但郑某某、被害人、农某某均称郑某某打了段某某（脚踹、拳头打），段某某没有还手；

第五，犯罪嫌疑人辩称自己和被害人存在不正当男女关系，但被害人始终表示否认，郑某某对此并未提及，农某某表示怀疑该两人存在不正当男女关系，但并未提供其他证据。

根据以上的分析可见，犯罪嫌疑人的口供基本处于一对三或者一对二的劣势，因此尽管证人郑某某与被害人王某某之间系夫妻关系，但两人对于被害人是否穿衣服、郑某某是否打了段某某等细节的描述能够与犯罪嫌疑人妻子的证言相互印证，因此具有较高的可采性。而犯罪嫌疑人的口供除在是否与被害人存在不正当男女关系方面与其妻子的证词较为一致外，其余均为孤证，但其妻子关于这一问题的证词也表示系自己猜测，并没有亲眼看见或听他人说起过，故无法认定。

另外，犯罪嫌疑人的供述除与其他言词证据相互矛盾外，其供述本身也存在诸多不合理之处：第一，如犯罪嫌疑人供述的两人之间存在不正当男女关系确为事实，犯罪嫌疑人在欲与被害人发生性关系当场被他人发现及在司法机关介入之后，完全可以辩称被害人系自愿，但其却始终作出与事实完全不符的辩解，甚至还否认被害人老公因生气殴打自己，犯罪嫌疑人作为心智正常的成年人，应当知道如果辩称自己当时系通奸将对自己有利，但却并没有做出这一辩解；第二，如果犯罪嫌疑人真是找被害人解释当日未赴约的原因，为何选在凌晨3时许。而被害人称自己知道丈夫在巡逻过程中会回家一趟，为何还会让犯罪嫌疑人进屋并与犯罪嫌疑人独处；第三，被害人称案发当时自己正在熟睡，屋里关着灯，但犯罪嫌疑人辩解称当时被害人醒着躺在床上，屋里亮着灯，案发时间为凌晨3时许，在这个时间被害人不睡觉却醒着躺在床上且亮着灯，明显不符合常理。

综上，通过综合分析本案四份言词证据之间及犯罪嫌疑人口供本身存在的矛盾，可以推翻犯罪嫌疑人的无罪辩解，并结合其他证据，认定其构成强奸罪。

六、张某某等三人强奸案——传来证据的应用实例

由于强奸行为发生在犯罪嫌疑人与被害人之间，且在处所上往往带有较强的私密性特征，因而除了犯罪嫌疑人供述与被害人陈述之外，其他直接来源于案件事实的证据较少，这就导致在犯罪嫌疑人不认罪或翻供，证据上事实上处

于一对一的情况下，公诉机关要证明性行为是否发生或者是发生性行为时被害人是否被强迫时，可以利用的证据较少，举证存在较大困难。因而，在对强奸案件的证据审查和运用中，应尤其注意原始证据之外的传来证据的应用和限制，以达到查清事实、指控犯罪的目的。

作为刑事证据的理论分类之一，原始证据与传来证据是相对应的概念。所谓原始证据是指直接来源于案件事实的证据，也就是来自原始出处的证据，即通常所说的第一手材料。传来证据不是直接产生于案件事实，不是从第一来源直接获取，而是从第二手以上的来源获取的证据，也就是从原始出处以外的其他来源获得的证据。凡不是直接来源于案件的事实，而是通过原始证据派生出来的证据，就叫传来证据，又称派生证据。① 在强奸案件中，原始证据如犯罪嫌疑人供述、被害人陈述、提取的精斑等物证痕迹，传来证据如没有在现场目击而是事后听犯罪嫌疑人、被害人讲述从而获得案件信息的证人证言。

要用好传来证据，一方面应了解传来证据自身的局限性，即传来证据并非反映案件事实的第一手材料，证据内容转手、传递的次数越多，其真实性和准确性往往就会越低；但另一方面，更应意识到传来证据的重要性，掌握传来证据的应用规则。一般而言，传来证据主要有两项功能：一是为查找原始证据提供线索，即通过传来证据追根溯源、顺藤摸瓜，去发现并收集原始证据；二是通过传来证据审查原始证据的可靠程度，通俗说法即是"印证"功能。由于其线索功能较为直观，也较容易掌握，这里不再赘述，但对于其印证功能相对复杂，这里做一简要介绍与探讨。

要发挥传来证据的"印证"功能，应注意以下两点：

第一，交叉印证效果强，平行印证效果弱。所谓交叉印证，即犯罪嫌疑人或被害人一方的传来证据却印证了相对的被害人或犯罪嫌疑人一方的陈述或辩解，如被害人向司法机关陈述说被犯罪嫌疑人强奸，但是被害人的朋友却证实被害人曾说过和犯罪嫌疑人发生性关系时是自愿的，此时形成的这种交叉关系无疑会强有力地印证犯罪嫌疑人方面的无罪辩解。所谓平行印证，即犯罪嫌疑人或被害人一方的传来证据仅仅单纯重复了其自身的供述和辩解。如案件发生后，被害人告诉自己的朋友说被犯罪嫌疑人强奸，此时被害人朋友的证言只是重复了被害人陈述的内容，其真实性仍完全依赖于被害人陈述内容的真实性，因而其证明作用有限。在被害人指控强奸、被告人不认罪的"一对一"情况下，这种传来证据难以作为影响平衡的有效砝码，故应客观看待其证明力，谨慎运用。

---

① 陈光中主编：《刑事诉讼法》，北京大学出版社 2002 年版。

第二，核实传来证据的来源、形成时间和形成条件等，证明其客观性、真实性。首先，由于传来证据是通过原始证据派生出来的证据，且可能经过几次传递、转手，因而应首先核实这种"派生"过程的真实性与合法性，以及在"派生"过程中证据内容本身并未失真或保留了主要内容。其次，由于原始证据往往有赖于犯罪嫌疑人或被害人一方，在原始言词证据出现反复的情况下，会严重动摇传来证据的真实性、可信性，此时应注意通过传来证据的来源、形成时间和条件等，证明传来证据本身的真实性乃至合理性，排除刑讯逼供、暴力取证等非法取证的可能，这样便又可以反过来印证作为其出处的原始证据的真实性、客观性。

下面以张某某等三人强奸案简单说明传来证据的应用规则。

基本案情：2014 年 3 月 17 日 0 时许，被告人张某某、王某、刘某某在本市海淀区某歌厅包间内与被害人姜某某（女，案发时 25 岁，陪酒女）饮酒，后将其强行带至北京市某区某洗浴中心房间内，以暴力殴打手段先后强行与姜某某发生性关系，并致其轻微伤。后于 2014 年 3 月 21 日凌晨 1 时许被抓获。

本案属于被害人系特殊人群且延迟报案的强奸案。综合审阅全案卷宗，认定三名被告人均实施了强奸行为的证据非常充分，但考虑到本案具有一定社会敏感性，且本案三名被告人审查起诉阶段又全部翻供否认强奸事实（侦查阶段均曾认罪），本案公诉人在审查起诉阶段和庭审阶段始终都在尝试探求本案证据间的逻辑关系，以进一步增强公诉人、审判人员的内心确信。经过细致审查和研判，公诉人发现卷中的一份传来证据的证明效力足以使司法人员确信本案强奸事实的成立。

该传来证据是一份证言，证人李某是第一被告张某某之友，案发当日张某某等四人连同 KTV 经理和被害人姜某某离开酒吧后，先后去了一处饭馆和张某某家小区的地下停车场。到停车场片刻后，李某带 KTV 经理先行离去，随即发生了起诉书认定的犯罪事实。2014 年 3 月 21 日凌晨 1 时许，被告人张某某等人被抓获时，证人李某因与张某某在一起且系本案关键证人，故被一并带回刑警队做笔录。在李某的证言中提到案发当日下午 15 时许，李某与张某某通过一个电话，双方对话内容如下：

李某：那个女孩后来怎么样？

张某某：我们几个把那个女孩给轮了。

李某：那个女孩让吗？

张某某：不让我就扇她。

李某：还有谁打了？

张某某：我和王某、刘某某，扇了女孩耳光，还踹了女孩。上（强奸）

的顺序第一个是我、第二个是姓王的，第三个是刘某某弟弟。

上述证言无疑属于传来证据，但所证明的谁打了人，强奸顺序等事实对认定犯罪非常重要。因此，如果能够证明该份证言内容具有真实性和可信性，那么对全案的认定会起到非常大的帮助作用。

全面分析在案证据，公诉人发现该份证言几乎达到了传来证据所能达到的最高证明作用，足以使司法人员内心确信强奸事实的存在。

首先，公诉人注意到李某提到上述内容的证言系其与张某某等人被抓获后所做的第一堂证言，证言时间为 2014 年 3 月 21 日 4 时 54 分至 6 时 59 分。同时，也调取了张某某第一份口供，时间为 2014 年 3 月 21 日 4 时 30 分至 7 时 29 分，但在该份口供中，张某某始终拒不认罪，对李某证言中陈述的这个电话也没有任何提及（其他同案口供也没有提到这个电话）。认真比对两份口供的提取时间可以看到，李某证言开始时间在张某某口供之后，结束时间在张某某口供之前，这一时间关系说明，侦查人员不可能先行掌握这一关键信息，也就是说，该事实如果不是李某自行说出，根本就无人知、无人晓、无人问。因此，李某证言的做出完全可以排除刑讯逼供、引供诱供的可能，具有极强的可信性。

其次，李某所述事实，包括谁打了人、强奸的顺序等信息与之后侦查活动中调取的三名被告人认罪口供及被害人陈述可以相互印证，足以说明该证言内容的真实性。

再次，证人李某与被告人张某某系好友，开庭时李某甚至作为辩方证人出庭作证（原系控方证人，后失联，庭审前突然以辩方证人身份出现），意图翻证，足以说明李某对上述事实的指证不可能是诬告陷害。

在该案的庭审过程中，为了更好地应对证人李某翻证，公诉人在庭审中打破了询问证人的固有顺序，将该份证言先行予以宣读，然后通过询问李某将证言的真实性予以确定（询问李某该份证言是否真实，李某犹豫片刻后予以确认），再将前述三点分析意见向法庭予以述明，最终使该份传来证据的证明效力得到了法庭的认可，也进一步加强了司法人员的内心确信，法院最终也对该案三名被告人均作出有罪判决。

七、吴某某强奸案——对幼女年龄"明知"的证据审查实例

我国《刑法》第 236 条第 2 款明确规定：奸淫不满十四周岁的幼女的，以强奸论，从重处罚。尤其在发生性关系是幼女自愿的情况下，犯罪嫌疑人对于幼女年龄是否"明知"是判断犯罪嫌疑人是否构成本罪的重要标准。

下面以吴某某强奸案来简要说明司法实践中对幼女年龄"明知"的审查

认定。

本案属于男女朋友之间发生的强奸案件,基本案情为:2012 年 3 月,被告人吴某某与被害人刘某某(女,1999 年 1 月 17 日出生)通过微信聊天软件结识并确立恋爱关系,经过相处后被告人吴某某得知被害人刘某某真实年龄。

2012 年 12 月 1 日,被告人吴某某在本市海淀区某小区家中,在明知被害人刘某某未满 14 周岁的情况下与被害人刘某某发生性关系。

2013 年 5 月起,被告人吴某某采用精神控制、言语威胁、殴打等方式,使被害人刘某某陷入不敢反抗的状况。2013 年 5 月 29 日 18 时许,被告人吴某某将被害人刘某某带至本市海淀区某购物中心消防通道内,再次以拳击、踢踹等方式对被害人刘某某实施殴打,致被害人刘某某身体多处皮下出血、擦挫伤,后在被害人不敢反抗的情况下与其发生性关系。经鉴定,被害人刘某某所受伤情为轻微伤。

2013 年 6 月 1 日,被告人吴某某被公安机关抓获。

本案中被告人吴某某实施了两部分行为,即以被害人 14 岁生日为界,分别实施了奸淫幼女和奸淫妇女的行为。需要说明的是,该案由公安机关侦查终结移送审查起诉之时,只认定了吴某某奸淫妇女的行为,但本案公诉人根据卷中证据,经过细致的审查判断,追加认定了吴某某在"明知"对方是幼女的情况下,与被害人刘某某发生了性关系。具体证据运用和判断过程如下:

1. 被害人陈述称其在与吴某某通过微信认识后,聊天的过程中便明确告知过吴某某其出生于 1999 年 1 月 17 日,并且当时为 13 岁。

2. 公诉人在审查本案电子证据时,发现一张图片为被告人 QQ 空间留言板,该留言板中有一条信息为被害人 2012 年 7 月 16 日所留,内容为"十三岁,爱惨了吴某某"。

3. 被告人吴某某辩称 2012 年 3 月其与被害人相识时,被害人只告知被告人自己是某中学初一年级学生,被告人先后两次分别辩称是在 2012 年 10 月、12 月才知道被害人真实年龄。

4. 被害人陈述称自己与吴某某在相识后首次见面(2012 年 3 月 21 日)即发生了性关系,此时被害人仅 13 岁,并且在此后交往的过程中,被害人与被告人曾多次发生过性关系。而被告人对在被害人未满 14 周岁前与被害人发生性关系的事实均予以否认。

5. 公诉人在阅卷的过程中,在被告人手机内近千张照片中,发现了一张被告人与被害人在被告人家中床上赤裸上身、下身用被子遮盖的自拍照,经鉴定,该照片拍摄于 2012 年 12 月 1 日,即拍照时被害人尚未满 14 周岁。

6. 公诉人在审查被害人陈述时注意到,被害人在公安机关询问被告人是否拍过其裸照这一情况时，被害人提到在 2012 年 12 月 1 日在被告人家中发生完性关系后被告人曾为其拍摄过裸照。

7. 公诉人在审查起诉阶段再次通知被害人配合调查，并针对其为何能够清楚记得 2012 年 12 月 1 日的时间，其称该天是其与被告人交往后第一次去被告人家，因此记忆深刻。

综合以上证据，首先，关于被害人系幼女的判断，证据 1、证据 2 显示被告人在 12 月 1 日前对被害人未满 14 岁已系明知，即便按照证据 3 中被告人所述，"两高两部"《关于依法惩治性侵害未成年人犯罪的意见》第 19 条第 3 项①中的规定，被告人在知悉被害人为初一学生时，便能够判断其可能是幼女，应当认定为其"明知"对方是幼女；其次，关于被告人在被害人系幼女时与被害人发生性关系的事实的认定，证据 6 对于 2012 年 12 月 1 日发生性关系的事实进行了指控，此时相关电子证据尚未进行勘查，均系被害人靠回忆主动陈述，而证据 5 的出现对被害人的陈述真实性进行了有力的佐证，证据 7 则间接的对被害人的陈述的真实性进一步的巩固。

因此，公诉人基于以上证据，认定了本案被告人奸淫幼女的犯罪事实。最终法院判决也支持了公诉意见。

八、强奸罪与强制猥亵妇女罪的认定实例

如前所述，实践中强奸与强制猥亵、侮辱妇女两个罪名的适用很容易发生争议，一是强奸与强制猥亵的主观故意难以区分；二是强奸行为与猥亵行为交织的情况下导致行为的定性存在疑问。

从理论上看，两者的行为对象均可以是妇女，行为人也都是采用暴力、胁迫或其他方法，行为也都有发泄性欲的意图，两者的区别主要在于行为人主观目的方面。强制猥亵妇女没有与妇女强行性交的意图，而只是通过猥亵行为发泄性欲。实践中，对于主观故意的认定往往要结合其客观行为来认定，如果行为人体现不出通过暴力、胁迫等手段强行奸淫妇女的意图，则难以认定为强奸罪。

案例一：被告人刘某系从事租房中介的人员，2012 年 7 月 4 日 16 时许，被告人将前来租房的被害人刘某（女，21 岁）带到本市某小区 1 楼 1 单元 21 层卧室内看房，后趁被害人在床边收拾东西时，将被害人按倒在床上进行强行搂抱、强吻，被害人大喊时刘某就自己起来了，被害人说想走，并拿手机打电

---

① 对于已满十二周岁不满十四周岁的被害人，从其身体发育状况、言谈举止、衣着特征、生活作息规律等观察可能是幼女，而实施奸淫等性侵害行为的，应当认定行为人"明知"对方是幼女。

话，刘某摔了她的电话并让她滚。后被害人拿着自己的东西在房门口打电话报警。该案中被害人还称当时刘某用手把其上衣掀了起来，想解其腰带，被害人用手挡着他手。被害人当日报案，诊断及身体检查表明被害人双臂红肿。被告人刘某未供述上述事实，只称自己不想租房了女孩却骂其。公诉机关指控强奸罪，但法院判决构成强制猥亵罪。

综合分析在案证据可见，刘某的强行按压、搂抱行为只是其强制猥亵妇女的手段，虽然从被害人所述来看刘某还想解其腰带，即实施奸淫，但由于一方面刘某未供述任何犯罪事实，另一方面，刘某在被害人叫喊后并未实施暴力行为强行奸淫被害人，且在被害人叫喊之后，刘某并没有进一步的暴力或胁迫等手段。因此，我们认为，法院将本案认定为强制猥亵妇女罪是较为妥当的。

案例二：2013年2月1日16时许，犯罪嫌疑人张某在某饭店包房厕所内，与被害人刘某某（女，24岁，系其下属，当日多名同事聚餐）聊工作上的事情。被害人称张某用力把其推到墙上，摸其胸部、强吻其嘴，还咬了其胸部，还将其裤子脱了摸其生殖器，期间多次将自己裤子和内裤脱到膝盖处，生殖器多次碰到其下体，有三四次想与其发生性关系，但是没有伸进去，后自己威胁他不停手就撞墙，张某才放弃。被害人称自己挣扎时将马桶盖打翻了。被害人的多名同事证实听到屋内有很大动静，后发现被害人在里面衣冠不整，头发凌乱，眼神很委屈，嘴角有瘀血，然后就开始哭；还证实屋内马桶翻了。后被害人刘某某经诊断口腔黏膜，胸前背部均有外伤、软组织擦裂伤（经法医鉴定为轻微伤）。但被告人供述称自己主动亲吻被害人以及摸其胸部，被害人未表现出反抗。

本案中，证据明显不符合被告人所述双方自愿等情况，犯罪嫌疑人供述不属实。被害人的伤情有诊断证明书、法医学人体损伤程度鉴定书以及多名证人证言所证实，且结合证人证言，及开门时证人看到被害人的衣着、神情和洗手间内马桶受损的状态等事实，足以证明被告人在洗手间内对被害人采取了暴力强制行为，被害人也进行了反抗。从现有证据证实暴力的激烈程度来看，也反映出被告人的行为不限于一般性的猥亵妇女行为。不仅如此，被害人的陈述真实性得到了证人证言以及客观性证据的印证，可以证明被告人的强行奸淫意图。且正是因为被害人的反抗，被告人强奸未能得逞。故被告人张某的行为被认定为强奸罪（未遂），获得法院判决支持。

案例三：郭某某涉嫌强奸案。被害人虽称被强奸，但其陈述被犯罪嫌疑人强奸的情节与物证鉴定意见存在明显矛盾，且犯罪嫌疑人因作案时处于醉酒状态无法供述犯罪事实。本案仅有物证鉴定意见证实犯罪嫌疑人右手手指上有其与被害人DNA的混合残留的情况，与被害人陈述的犯罪嫌疑人用手对其进行猥亵的陈述相吻合，其他言词证据均属于间接证据，不能证明强奸行为的存在。

结合本案证据，经综合分析，公诉人认为侦查机关以强奸指控犯罪并不准确，在案证据仅能证明犯罪嫌疑人对被害人实施强制猥亵的行为，最后对郭某某以强制猥亵妇女罪起诉，获得法院判决认可。

这个案件与前面两个案件不同，是在证据不足以认定强奸意图以及客观行为的基础上，按照现有证据的情况认定强制猥亵妇女罪的成立。总的来看，公诉人应从证据出发，通过现有证据所能证实的犯罪嫌疑人客观行为，结合犯罪嫌疑人供述以及案发场景环境，来判断其主观故意是强奸还是强制猥亵，并根据主客观相统一的原则，最终判定其行为性质。

不仅如此，实践中犯罪嫌疑人先实施了猥亵行为又实施了强奸行为，或者先实施了强奸行为又实施了猥亵行为，交织起来很难认定。这涉及罪数的判断问题。我国刑法理论采用主客观相统一的犯罪构成标准，行为人的犯罪事实具备一个犯罪构成的为一罪，构成数个犯罪事实的为数罪，并不因犯罪对象的同一性而影响犯罪构成的独立性。因此，（1）对于着手强奸前以及实行强奸过程中附随的强制猥亵行为，应当与强奸所包容、吸收，可按照强奸罪从重处罚，一般不另外成立强制猥亵妇女罪；（2）对于强奸行为完成后另起犯意猥亵被害人的，就不能被先前的强奸行为所包容，两者不存在吸收或牵连关系，应认定数罪。对于行为的认定也不必考虑其强奸行为是否完成，不能认为行为人先行未发泄完性欲，又实施猥亵就定一罪[①]。如李某某一案，被告人始终承认欲与被害人发生性关系，且被害人陈述也证实被告人有与其发生性关系的言语表示，但因被害人称自己来月经，被告人即停止实施强奸行为，此时强奸罪的中止已经构成；但证据显示被告人接着又对被害人实施猥亵行为。尽管两个行为时间间隔相对紧密，但不能认定之后的猥亵行为被强奸行为所包容，而应当单独评价。当然也有一种意见认为，在时间间隔非常紧密的情况下，简单地通过被告人口供中体现的主观想法就认定两个罪有失公允，应当按照强制猥亵（既遂）一罪予以认定，前一强奸（中止）行为被后面的强制猥亵行为所吸收[②]。对于以上分歧意见，北京市人民检察院下发的指导意见《刑事检察办案中疑难案件与问题解答（一）》中认为，如果强制猥亵行为是强奸行为的准备或者延续，之后又实施了强奸行为，可按照强奸罪从重处罚。如果强制猥亵行

---

① 参见《刑事审判参考》第 381 号张烨、施嘉卫强奸、强制猥亵案，载《中国刑事审判指导案例三·侵犯人身权利、民主权利罪》，法律出版社 2009 年版，第 381 页。

② 类似案件法院不同的审判长之间掌握也不尽相同。有的以两罪判处，有的按猥亵一罪判处。

为与强奸行为存在时间、空间上的间隔的，应分别认定为强奸罪与强制猥亵妇女罪，数罪并罚。根据这一意见认定数罪有一个前提条件是强制猥亵行为与强奸行为存在时间、空间上的间隔，但这一间隔如何界定并没有明确说法，还需要根据实际案例进行判断。

九、性侵害犯罪案件中的"存疑"——若干存疑不诉实例

在我国，起诉定罪的证明标准是事实清楚、证据确实充分。修改后的刑事诉讼法在有关司法解释的基础上，进一步细化了证明标准的规定，特别是增加了"排除合理怀疑"的规定，对于办案人员内心确信的确认和规范更明确，被认为是丰富和完善了刑事诉讼中的证明标准。依照刑事诉讼法的规定，案件经过退回补充侦查，因证据仍然不足，公诉人应当依法作出存疑不起诉的决定。

在单个证据具备证据能力的基础上，要转化为定案的根据，需要对证据进行证明力的审查。在我国，对证明力的审查更为强调的是证据之间的互相印证，这一点在前述案例中多有体现。为了准确认定案件事实，还需要将不同的证据联系起来，需要合理运用经验、逻辑法则，对全部在案证据进行综合审查判断，正确思考和审查案件是否达到证明标准[1]。当办案人员所得出的判断达到了案件证明标准时，事实就得到了认定；相反，如果认为仍然存在合理的怀疑时，就不能认定事实，而要根据"疑罪从无"原则对案件作出处理。

当然，所谓"合理怀疑"，并不是随意的、无根据的怀疑，也不是凭空想象、随意提出的怀疑，而是基于定罪证明标准的要求提出的足以动摇犯罪事实认定的有根据的怀疑[2]。合理怀疑应当被限制在对于影响案件事实认定的范围内，如果是不足以影响事实认定的一般性的怀疑，这些也不会对运用证据定罪造成影响。

首先，在司法实践中，对于性侵害案件而言，审查认定事实的存疑有许多具体的表现。正是在这些方面办案人员认为存在有合理根据的怀疑，导致达不到起诉定罪的要求。因此，以强奸案为例，案件作出存疑不起诉处理。主要的理由在于两个方面。

---

① 田口守一指出，自由心证主义也不允许法官的恣意判断，自由心证必须是合理的自由心证主义，要求根据经验法则、逻辑法则进行合理的心证。为了保障合理的自由心证主义，从外部到内部都有一系列制度予以保障。参见田口守一：《刑事诉讼法》，张凌等译，中国政法大学出版社2010年版，第273页。

② 顾永忠：《排除合理怀疑仅是定罪证明标准内容之一》，载《检察日报》2013年11月8日。

其一,强奸案中双方是否发生性关系。这是强奸案件中的基本事实问题。当双方言词证据对此存在矛盾的情况下,妇科检查、提取物证及 DNA 鉴定格外重要。如果案件没有相应物证,又缺乏其他证据印证,则无法证明性关系发生的事实[①]。如焦某某强奸案中,犯罪嫌疑人辩称被害人曾在 3 月 15 日或 16 日给其做过按摩、拔火罐,并与其亲吻,没有其他行为。能够证实犯罪嫌疑人强奸被害人的直接证据只有被害人陈述,两名证人证实自己曾听被害人说犯罪嫌疑人对其说过一见钟情之类的话,也抱了被害人,可以与被害人陈述形成部分印证,但不能直接印证性行为是否发生,且系传来证据。被害人称当晚就将衣服都洗了,故案件也没有其他实物证据。被害人自述案发后头晕、呕吐、精神状况差等,但无法证实与案件的关联。综合全案,证据无法证明两人是否发生过性关系,故该案作出存疑不起诉处理。

其二,强奸案中性关系的发生是否违背妇女意志。如前所述,这一点可以通过双方的言词证据、现场勘查笔录、妇科检查、诊断证明、伤情鉴定意见等证据来证明。如果证据无法排除合理怀疑,办案人员无法确信违背妇女意志,则达不到起诉定罪的要求。如陈某某强奸案中,犯罪嫌疑人辩称两人自愿,且始终坚持无罪辩解,只有被害人在公安机关陈述称被强奸,但没有任何能够印证被害人所说的暴力实施及程度的物证痕迹,案发时同处一屋证人也证实没有听到现场呼救,且被害人在犯罪嫌疑人对其进行抚摸行为之后仍与之同床而眠,遭受性侵犯时未采取任何自救措施,且被害人案发后不主动及时报案,仍在犯罪嫌疑人暂住地继续留宿多日,办案人员无法确信违背妇女意志后案件作出存疑不起诉处理。

再如郑某某强奸案,被害人为一名老年女性,其尸体在水中被发现,经尸检系溺水死亡,但其阴道内检测出精斑经比对与犯罪嫌疑人郑某某同一。同时,被害人家属、诊断记录以及司法精神病鉴定意见证实被害人案发前从家中走失,案发时为无性防卫能力。案件无其他证人,犯罪嫌疑人未认可强奸事实,但承认有嫖娼经历。公安机关以涉嫌强奸罪移送审查起诉。但这个案件除了定罪的基本要素如时间、地点不完整以外,对于性侵害精神病人的特殊证明要求的"明知",本案证据也无法达到。换言之,虽然根据关键的鉴定意见证实犯罪嫌疑人与被害人发生过性关系,但是,现有证据根本无法证实犯罪嫌疑人明知被害人的精神状况,无法排除合理怀疑。因此,这个案件也达不到定罪的证据标准,案件作存疑不起诉处理。

其次,在定罪证据不存在疑问,但是量刑证据存在疑问的情况下,也应当

---

① 参见刘程:《如何做好强奸案的证据审查工作》,载首都检察网公诉信息系统。

适用"存疑时有利于被告人"的原则。在考虑性侵害案件特别是强奸案的量刑时也适用。法院判决的数起强奸案中，被害人陈述均称被强奸，且已既遂。但除被害人陈述外，无其他证据支持，犯罪嫌疑人也未曾认可，法医物证鉴定书未鉴定出犯罪嫌疑人精斑。因此，本着有利于行为人的原则，在认定强奸罪名成立的同时，未认可行为人强奸既遂，而是按照强奸未遂判决。

如前所述，在司法办案过程中需要运用经验、逻辑等法则来辅助对于案件证据事实的审查和判断。应当指出的是，对于性侵害这种类型的案件而言，办案人员掌握足够的社会知识和生活经验显得更为必要。办案人员不仅应当娴熟地掌握对证据的审查把握，而且运用经验法则、逻辑法则进行判断推理，也需要掌握丰富的社会生活知识，甚至需要了解心理学、医学等多方面的专业知识。事实上，在前文的论述中也多次提及这种基于经验、逻辑而进行的判断推理。例如，被害人第一次被奸淫后，为何没有马上报警；时隔两年被害人为何对于犯罪事实的细节的陈述如此细致；在车内发生的性侵害案件，犯罪嫌疑人以所述的体位能否完成性行为；被害人身体远比犯罪嫌疑人强壮，为何未见其有明显反抗；再如，被害人陈述中提及犯罪嫌疑人曾经用毛巾塞住其嘴巴，如提取及时，毛巾上应该留有被害人的唾液。被害人的某处痕迹，其形成机理究竟为何，有无自伤可能等。作出这些判断推理分析，往往在指导补充证据、解释或认定事实方面起着不可缺少的作用。当然，对于经验法则的运用不能过于绝对，一些相对经验法则只是具有较大可能性，并没有绝对的约束力①，公诉人需要注意例外情况，根据案件的具体情况进行分析。

最后，应当指出的是，公诉人对于案件的审查不只是也不应该限于对案卷证据的书面审查。从一定意义上，案卷本身不是证据，而是侦查人员制作并整理的第二手卷宗材料。公诉人应当按照复核证据的观念，在审查案卷材料的基础上，通过提讯犯罪嫌疑人本人，接触询问案件其他当事人与证人，必要时通过实地查看案发现场环境等方式，重建案件证据体系，完成对于事实的认定，并在此基础上准确处理案件。公诉人所肩负的法律监督职责，也正是在这个审查过程中同步加以履行的。

下面以实际案例予以说明。

---

① 一般而言，经验有绝对经验法则与相对经验法则之分，绝对经验法则比相对经验法则更为可靠。例如，一份判决书指出，"被告人潘某与被害人张某系不在同一地区和部门的普通同事关系，在其二人过去仅有一次因公事见面，且被害人有自己的家庭，被告人潘某亦有自己家庭的情况下，被告人潘某所称被害人自愿与其发生性关系的辩解明显不符合常理"。这里运用的只是相对经验法则，显然，这只是法官作出判断的依据之一，案件认定强奸事实需要更多方面的证据。

（一）焦某某强奸案——熟人之间、延迟报案

基本案情：2012 年 3 月 13 日，被害人于某某（女，46 岁）聘至海淀区某足疗店任技师，暂住于该店 810 房间。犯罪嫌疑人焦某某系该店主管，暂住于 803 房间。案发前，被害人与犯罪嫌疑人无任何纠纷或矛盾。

2012 年 3 月 18 日上午，被害人于某某辞职并离开足疗店后回到女儿杨某某位于海淀区西二旗的出租房。2012 年 3 月 19 日 0 时许，被害人于某某在其丈夫陪同下到派出所报警。当日 2 时许，犯罪嫌疑人焦某某被民警抓获。

被害人于某某称 2012 年 3 月 17 日 3 时许，其与犯罪嫌疑人焦某某在 601 室泡完脚后，焦某某将其叫至 803 房间，违背其意志，强行与其发生性关系。对此，犯罪嫌疑人焦某某予以否认，称两人各自泡完脚就回房间睡觉，未发生其他事。案发后，于某某向丈夫、女儿及证人万某某称自己辞职原因是被男同事抱了。

本案属于同事之间发生的强奸案。基于强奸案的特殊性，案发时只有犯罪嫌疑人与被害人，直接的有罪证据与无罪证据形成了一对一的矛盾局面，本案中其他的证人证言均系间接或传来证据，对本案的证据分析如下：

1. 被害人称案发前，犯罪嫌疑人曾当着证人万某某和自己的面，说自己的魂被人勾走，对一个人一见钟情之类的话。万某某证实犯罪嫌疑人曾当着自己的面说过此类话，但说此话时没有其他人在场，万某某只是在被害人要求辞职时，其曾询问被害人原因，从被害人处得知犯罪嫌疑人焦某某对被害人说过此类的话。犯罪嫌疑人则辩解称，自己从未对任何人说过对被害人一见钟情或勾魂之类的话，也未当着被害人于某某的面说过对某人一见钟情的话。因此，公诉人认为，被害人的上述说法无其他证据予以证实，不予采信。同时，犯罪嫌疑人焦某某称被害人曾在 3 月 15 或 16 日给其做过按摩、拔火罐，并亲吻其，并称万某某知道被害人于某某给其按摩的事，但被害人只承认给其做过按摩、拔火罐，没有其他行为，且证人也称不知道此事，无其他证据可以证实，故也不予采信。

能够证实犯罪嫌疑人强奸被害人的直接证据只有被害人陈述。被害人指认犯罪嫌疑人违背其意志，强行与其发生性关系。对此，犯罪嫌疑人拒不承认。证人万某某证实其询问被害人辞职的原因时，被害人称焦某某曾对被害人说过一见钟情之类的话，焦某某抱了被害人，所以被害人要求辞职，但万某某自己并未亲耳听到或亲眼见到犯罪嫌疑人对被害人说过上述暧昧的语言或犯罪嫌疑人有抱被害人的动作。因此，万某某所提供的信息也是从被害人处得知，属于传来证据。同理，被害人女儿及丈夫证实的因焦某某爱慕被害人，后抱了被害人的情况也是从被害人处得知的，属于传来证据。

2. 案发后，被害人称自己有头昏、呕吐等症状，其丈夫及女儿均可以证实，且其在丈夫陪同下到医院精神科就诊。对于被害人的上述行为，即使真实存在，但在证据链条上无法推定其是因为被强奸而导致，没有客观上的必然性，且只有被害人亲属证言佐证，证明力相对较弱。对于被害人称其信佛，不会说谎的情况，公诉人认为作为一种纯主观的东西，在无客观证据佐证的情况下，不宜作为认定案件的证据（其皈依证书时间为案发后）。

3. 从被害人报案时间来看，案发后被害人并未在第一时间报案，而是在丈夫要求下到公安机关报案，其报案的心理值得注意。从被害人及犯罪嫌疑人双方的情况来看，被害人46岁，而本案犯罪嫌疑人年仅25岁，根据社会常理，犯罪嫌疑人不太可能对被害人心生爱慕。

通过上述对本案证据的分析，可以看出本案的证据都是基于犯罪嫌疑人供述与被害人陈述而延伸出来的言词证据，结合证人证言，可以发现犯罪嫌疑人供述、被害人陈述中均有无法核实之处，导致双方所述的真实性均存在疑问，而被害人在案发后将当时所穿衣物洗了之后才交给公安机关，导致无法检测出痕迹，无法形成客观证据。现有证据无法证实案发当日犯罪嫌疑人与被害人曾共同在803室待过，更无法证实犯罪嫌疑人对被害人有强奸行为。根据强奸罪的构成要件：本案主观上犯罪嫌疑人焦某某是否存在强奸的故意，无法证实；客观上现有证据也无法证实焦某某实施了违背妇女意志，强行与妇女发生性关系的行为。因此，公诉人认为对犯罪嫌疑人焦某某应作存疑不起诉处理。此案经院检察委员会讨论，决定对焦某某作存疑不起诉处理。

（二）王某某强奸案——特殊人群受侵害

本案属于特殊人群（洗浴中心按摩女）受到侵害的案件。

基本案情为：

2011年4月17日，犯罪嫌疑人王某某因私来京在本市海淀区某酒店房间入住。18日凌晨，王某某在房间内电话联系酒店洗浴要求安排人员为其进行按摩，后被害人李某前往为王某某提供按摩服务。2011年4月19日凌晨3时许，王某某在房间内电话联系酒店洗浴要求李某进行足疗服务，其间两人发生性关系。2011年4月19日15时至21时许，王某某、李某相互多次短信联系，李某多次要求和王某某通话但王某某拒绝，王某某认为李某在对自己敲诈勒索。22时许，李某报警，民警在李某带领下前往房间抓获王某某。

被害人李某称2011年4月18日为王某某做足疗期间，王某某摸其胸部，后王某某给其现金人民币1400元，但李某刚出门走到电梯口后，又将钱退还王某某。4月19日李某再次为王某某按摩期间，被对方暴力奸淫（体内、体外射精），期间自己反抗约40分钟，抓伤了王某某脖子、肩部，自己身上无伤。李某在被强奸后，立即将此事告知证人廖某（洗浴中心技师主管）。

犯罪嫌疑人王某某称 2011 年 4 月 18 日凌晨，自己电话联系要求按摩服务，期间李某主动提出可以为王某某用胸部推油，但王某某要求与其发生性关系，李某提出若发生性关系要给其人民币 1000 元。随后二人发生性关系，王某某给予李某现金人民币 1400 元，同时李某将自己工作号及电话号码告诉王某某，称若还需要按摩可以联系她。4 月 19 日凌晨 3 时许，王某某再次电话要求李某按摩，期间二人经合意再次发生性关系，事后李某向王某某索要人民币 10 万元，但王某某仅给其 1000 元。4 月 19 日中午开始李某多次和王某某短信联系，18 时许李某前往王某某房间向王某某索要钱款未果。

廖某称在 2011 年 4 月 19 日凌晨，李某在去给客人按摩前后，情绪异常，提出要辞职。当日 15 时，廖某通过徐某某得知李某被强奸一事。

徐某某称 2011 年 4 月 18 日下午，李某告诉自己在凌晨给一名客人按摩后收取客人 1400 元钱，但还没有归还。4 月 19 日凌晨在去按摩前，李某不愿前往随后去找主管。4 月 19 日中午 12 时许，李某告知徐某某自己被强奸一事，随后徐某某将此事告知廖某。

民警证言证明，2011 年 4 月 19 日在李某带领下抓获王某某，经检查王某某身上没有伤痕。

现场勘验、检查笔录证明，该酒店房间经勘验后，未见异常。提取李某提供内裤一条；李某血样一份；李某阴道拭子三枚；王某某的血样一份。

鉴定结论证明，李某内裤斑痕检验见精子，同时经 DNA 检验为李某、王某某的 DNA 混合产生斑痕；李某阴道拭子检验未见精子。

对于本案证据综合分析如下：

第一，被害人李某陈述中关于王某某伤情情况的描述与民警证言不符。李某两次陈述均称自己反抗王某某时间长达 40 分钟，期间用手在对方脖子、肩膀等部位掐抓，称对方脖子、肩部应当有自己的抓伤。但抓获王某某的两名派出所民警证言显示，在王某某到案后曾检查过王某某身体，没有发现伤痕。同时王某某到案后的供述与辩解中也提到，自己身上没有李某反抗留下的伤痕。

第二，被害人李某陈述中对射精情况描述与现场勘验、检查笔录、法医物证鉴定书证明内容不符。被害人李某陈述中提到，王某某在强奸其过程中是体内射精。但现场勘验、检查笔录、法医物证鉴定书两份证据证明，李某阴道内未检出精子。

第三，被害人李某陈述中对案发后告知他人自己被强奸的时间描述与证人廖某证言不符。被害人李某称"男子在强奸我之后……我从男子的房间出来之后，我去找主管，跟他说了"。根据李某陈述，其在 19 日 03：30 进入房间进行足疗服务，10分钟后王某某开始对其性侵犯，李某反抗40分钟后被强奸。因此其告知廖某自己被强奸一事的时间应在凌晨4时许。但证人廖某证言称"2011年4月19日15时许，我在单位上班，徐某某（被害人李某同事）给我打电话说李某在上班的时候被客人强奸了"。

第四，被害人李某陈述中对4月18日是否及时退钱一事与证人徐某某（被害人李某同事）证言不符。被害人李某称，"4月18日，我给他做过一次足疗，当时男子给我1400元钱，我出门走到电梯口时，又回去还给他了。"证人徐某某则称，"2011年4月18日下午的时候，李某跟我说昨晚给一个客人做按摩，说那个男客人给了她1400元钱，我当时就跟她说不能要客人的钱，后来李某说会给客人送回去"。徐某某证言证明李某在18日下午还没有将1400元钱退回王某某，这与李某陈述不符。

第五，犯罪嫌疑人王某某供述与辩解与其他证据相吻合。其一，王某某称4月19日同李某发生性关系是体外射精，与现场勘验检查笔录、法医物证鉴定书所证明的，在李某体内未见精子、体外检出精斑的结论一致；其二，王某某称同李某两次发生性关系对方都同意，这与带李某前往房间的服务生王某证言一致，王某称当时没有发现异常情况；其三，王某某称4月18日和李某发生性关系后给了李某1400元钱，李某称没要这笔钱，但证人徐某某称李某告诉她自己收了这笔钱，印证了王某某的供述；其四，王某某案发后一直称自己身上没有李某反抗时的抓伤，两名抓获王某某的派出所民警证言也称检查王某某身体未见伤痕。

第六，通过短信内容综合分析当事双方案发后的主观心态。分析犯罪嫌疑人王某某、被害人李某之间的短信，虽然信息内容没有直接涉及双方发生性关系的具体过程，也没有明确体现李某向王某某索要巨额钱款的情节，但可以从侧面反映二人的主观心态：王某某明确告知李某在酒店登记有自己的姓名、住址及目前仍在房间，李某多次要求和王某某电话谈谈但不愿前往王某某房间。王某某在面对李某要报警的情况下，没有体现出过多惧怕报警的情绪，而是认为李某在敲诈自己。李某一方面强调要告王某某，另一方面要求要和王某某通话，显得其在报警一事上多少有些犹豫不决，与一般强奸犯罪被害人的主观心态具有一定差异。

综上，本案中证明王某某强奸的有罪证据，主要是被害人李某的两次陈述和证人廖某、徐某某的证言。首先，被害人李某的陈述，很多细节问题与证人证言、现场勘验、检查笔录、法医物证鉴定书不符；其次，李某称自己被王某某压住手脚依旧反抗性侵犯长达40余分钟，但同时称自己身上没有伤情，这与一般强奸案中被害人因反抗致伤的现象不相符；最后，证人廖某、徐某某证言中关于李某被强奸的直接描述，均为从李某处听来的传闻证据，证明效力较低。虽然廖某证言中提到，李某在 19 日前往房间前，"不愿意去，说客人不好做"，回来后"情绪不高，很沮丧，没说什么话，就说想辞职不想干了，适应不了。"但造成这种情绪上反映的可能性是多方面的，无法直接证明王某某对李某实施了强奸。同时，分析王某某供述与辩解中对 18 日、19 日两次和李某发生性关系及李某向其要钱的描述，并没有同除李某陈述外的其他证言存在明显矛盾，具有一定可信度。结合王某某、李某身上均没有伤痕的情况，公诉人认为二人在 19 日发生性关系过程中，并没有存在暴力奸淫的行为。

本案经检察委员会讨论，最终作存疑不起诉处理。

（三）吴某某强奸案——特殊人群受侵害

在某些强奸案件中，被害人具有特殊身份，即提供有偿陪侍服务。案发前被害人往往与犯罪嫌疑人存在陪侍与被陪侍的关系，进而可能谈及发生性关系的话题。随着事态不断发展，当事人双方可能产生各种各样的矛盾，最终导致被害人报案被性侵犯。此时对于强奸事实的认定标准，不同于一般的案件，既不能因为被害人的特殊身份心存歧视、主观臆断，也不能盲目采信被害人所述。因为在有偿陪侍期间，当事人双方难免发生肢体接触、谈及暧昧话题，甚至涉及卖淫嫖娼。此时区分犯罪嫌疑人的行为究竟是嫖娼还是强奸，存在更大的难度，需要结合案件其他证据进行全面分析。

如吴某某强奸案。

案发当日 20 时许，犯罪嫌疑人吴某某同朋友汪某某等人一起到本市石景山区某歌厅唱歌，并找来歌厅小姐即被害人张某某陪侍，期间吴某某邀请张某某一起去打牌，张同意。

次日 0 时许，犯罪嫌疑人吴某某驾车带张某某到位于本市海淀区树村附近的一台球厅打牌。后吴某某驾车带张某某到位于海淀区上地附近的某洗浴中心。张某某未换衣洗浴，一人离开，吴驾车将其追回。6 时 20 分，被害人张某某到石景山古城派出所报案称被吴某某逼迫进入某洗浴中心一包间内，后被吴某某强奸。公安机关经侦查工作后，调取了案发当日的监控录像。公诉人结合监控录像内容，对本案证据进行了全面的梳理、分析：

首先，可以证实被害人张某某是自愿跟随吴某某进入洗浴中心。在台球厅打完牌再去洗浴中心的过程，当事人双方所述存在出入，吴称与被害人商量好去洗浴继续打牌，而张称吴骗说送自己回家，后直接开车到了洗浴中心。当时虽然已是凌晨，但当事人所去洗浴中心为公共场所，有较多工作人员及顾客，如张某某不情愿，完全可以离开，如吴某某等人真有强迫行为，其便可呼救。且张某某陈述前后矛盾，并不稳定，其最初所述进洗浴前被抢了手机、钱包，是完全被逼进入洗浴的情况与其他证据存在差异，故该陈述可信度较低。而且，监控录像显示吴某某在开车接张某某回洗浴中心时，张某某并没有任何的不情愿。

其次，可以证实被害人张某某在回到洗浴中心后自愿进入包房。监控录像较客观地反映了当时情况，结合第三方证人证言，可以认定张某某是独自一人上楼，并主动询问服务员房间情况，随后进入房间。而吴、汪二人所述内容基本一致，洗澡后得知张某某已在房间。关于张某某辩解称由于手机、钱包被拿，想要回物品，所以不得不去包间。公诉人认为此种情况下即便存在强制力，但强度不大，不足以控制张某某的人身自由。张某某所述被迫进入房间，或被逼进入房间等情况，明显与其他证据不符，不可采信。

再次，无法证实被害人张某某在包房内被迫与吴某某发生性关系。张某某在自己被他人施暴细节上的陈述前后矛盾较大（先是称被两名男子强奸，后称一名男子强奸、一名男子协助，最后称一名男子强奸、另一名男子不知道在做什么），且对于陈述的变化不能做出合理的解释。而吴某某、汪某某二人所述内容基本稳定，也可以相互吻合，证实在整个过程中张某某均是自愿，没有强迫行为，而且吴、张二人最终也没有发生性关系。案发当日张某某报案，并未发现身体存在施暴痕迹，也无其他证据可以证明其受到暴力侵犯，故无法认定张某某在包间内被迫与吴某某发生性关系。

最后，可以证实被害人张某某在走出包间后行为正常。监控录像显示，张某某在走出包间时，楼道内有服务生及其他客人，如张某某边哭边出包间（张某某自述出包间后哭泣），必然会引起他人注意，但从监控画面上看并非如此。另张某某称自己的手机、钱包一直被对方拿走，所以无法先行离开。但监控录像显示张某某进入大厅时已经拿到了自己的手机及钱包，其完全有机会自行离去或向他人寻求帮助及报警，但并没有如此做，而是在等待六分多钟后同吴某某一起离开，故张某某所述不可信。虽然张某某称不提前离去是因为要先结账，但在其与吴某某离开时也没有结账，而是等待汪某某最后结算，服务生并没有进行阻拦，故张某某所说不提前离开的理由同样不成立。

综合分析以上情况，公诉人认为被害人张某某在案发前后的行为举止正常，没有被侵犯的迹象，且该人所述事发过程与在案其他证据相悖，不可采信，无法认定吴某某的行为构成犯罪，最终对本案作出存疑不起诉处理。

（四）唐某强奸案——对场所特征的考察应用

强奸案件的发生地一般带有一定的私密性特征，其案发场所要么是少有人经过的山林草地，要么是封闭的与外界相对隔离的住所、旅馆房间、歌厅包间，除了同案犯外，不会有其他人在场。一方面是由人类自身的羞耻心决定，在周围不相干人等在场的情况下不会实施性行为，另一方面也是因为有其他人在场时，便于被害人呼救求助，从而使实施强奸行为面临更大的风险。在强奸案件的办理中应该重视分析这种场所特征，尤其在一些缺乏物证、言词证据又相互矛盾、难以采信取舍的疑难案件中，对于案件发生场所的考察与分析可以帮助形成内心确信，对案件处理往往具有决定性的效果，因而应该重视对案发场所特征的考察应用。

对强奸案案发场所的分析应结合空间、时间两方面综合进行：

首先，空间特征。如前所述的私密性是这种空间的基本特征，另外还有周围人员多少、房间隔音效果等。如在周围都是住户、人员稠密且隔音效果差的群租房中，在没有人反映听到辱骂、殴打、呼救声音的情况下，发生激烈暴力冲突的强奸案件的可能性几乎不存在。而在密封性、隔音效果好的高档宾馆中，周围人反映未听到暴力殴打或呼救声音则是正常的。

其次，时间特征。这里的时间特征其实是依附于空间特征，并很可能改变、调整空间特征。如对于公园而言，时间的变化意味着公园人流的变化，因而，同样一块公园草坪，在人流高峰时段发生强奸的可能性很小，而在人流稀少甚至是深夜闭园无人时发生强奸的可能性则完全存在；同样的群租房，在晚上租客都下班在家的情况下发生暴力强奸的可能性小，而在大家都上班的时间段，发生强奸的可能性大。

下面以唐某强奸案加以简单示范说明。

基本案情：2006 年 11 月一天晚 19 时许，应某（女，18 岁，被害人同事）将被害人方某（女，17 岁，某歌厅服务员）约至其与花某（应某男朋友，21 岁）、犯罪嫌疑人唐某（男，22 岁）共同居住的海淀区某大院出租房内（该出租房约 10 平方米），犯罪嫌疑人唐某趁与方某单独呆在屋内之际亲吻方某，后方某反抗并离开出租房，之后唐某和花某离开出租房，被害人方某与应某又回到出租房。次日凌晨 1 时许，犯罪嫌疑人唐某和花某回到出租房内时，应某和被害人方某分别在床上和地铺上睡觉，唐某在该出租房地铺上采取按压手段与被害人方某发生性关系（对此应某称晚上听到有声音，开灯后看到唐某压在方某身上，都没说话，自己便关了灯。而花某称自己半夜听到方某的呻吟声，知道其和唐某发生了性关系）。次日中午唐某离开出租房，被害人方某离开后又被应某叫回。第三日凌晨 1 时许，唐某和花某回到出租房，唐某再次采取按压手段与被害人方某发生性关系。第三日早晨方某离开出租房。后方某于 2006 年 11 月 28 日报案，犯罪嫌疑人唐某于 11 月 29 日被抓获。方某自称晚报案原因是开始时应某威胁其不让报警，自己害怕便没报警，后来听说自己一位同事朋友的手机被应某偷了，觉得应某、唐某等人很可恶，才报的警。

　　到案后，唐某在侦查预审阶段供述承认自己以强行按压、言语威胁方式两次强奸被害人方某的犯罪事实，与被害人陈述基本一致。但在审查起诉阶段，唐某称和方某发生性关系时，其没有使用暴力行为，方某也没有反抗行为，其认为方某是自愿和其发生性关系的。

　　公诉人认为，在案发现场狭小的空间内（约 10 平方米，且两名证人的床和被害人的地铺相隔仅有 1 米），事发时有两名证人在场（其中应某和被害人是同事、朋友关系），被害人方某有多种寻求帮助、避免性侵犯的途径，但是其并没有采取任何自救措施。由此可见，不排除事发时方某对性关系的发生持半推半就态度的可能性。同时考虑被害人在第一次与犯罪嫌疑人发生性关系后，第二天仍继续滞留在犯罪嫌疑人等人的出租房内，并在晚上继续睡在该出租房地铺上，从而直接引发犯罪嫌疑人再次与其发生性关系，此举动也不符合强奸案被害人寻求自我保护和规避的行为特征，有违常理，说明被害人对于和犯罪嫌疑人发生性关系一事并未积极避免，或者说并不反对。因而最终以存疑不起诉将该案提交检察委员会讨论，最终对该案作存疑不起诉处理。

　　（五）麻某、侯某涉嫌强奸案——间接证据的审查

　　直接证据与间接证据属于证据理论分类中一组相对应的概念，所谓直接证据是指能够直接证实案件事实成立与否的证据。

　　直接证据所承载的信息能够直接反映犯罪行为是否存在及犯罪行为是否为犯罪嫌疑人所为。例如：具体到强奸罪的案件中，被害人关于自己遭到强奸的陈述属于直接证据，犯罪嫌疑人承认或者否认自己对被害人实施了强奸行为的供述与辩解也属于直接证据。与直接证据相比，间接证据仅仅能够证明案件事实的一个部分或者片段，其所承载的信息不能反映出犯罪实施的发生与否和犯罪行为是何人所为。例如：具体到强奸罪的案件中，带有体液的衣物、DNA鉴定意见、被害人的伤情鉴定、案发现场外的监控录像等均属于间接证据，上述证据单独使用均不能证明一个既遂的强奸案。需要特别说明的，无论是直接证据还是间接证据都必须经过法定程序查证属实才能作为定案依据。

　　强奸罪经过一定时期的发展与早期的案发情况相比有了较为明显的变化，根据海淀区人民检察院近几年来办理强奸罪案件的情况来看，该类案件现多发于熟人之间或者特殊人群之间，案发场所也更为隐蔽，致使证明案件事实的直接证据数量十分有限，甚至多数情况下证明案件事实的证据仅有犯罪嫌疑人与被害人的言词证据，常常形成"一对一"、甚至"多对一"的局面，对案件事实的认定带来极大困难。因此，运用和审查好间接证据对于案件的办理尤为重要。案件公诉人要完成一个完整的证明体系，需要进一步搜集数量足够的间接证据，并运用经验法则，通过符合常理的逻辑推理，使证明案件实施各个零碎

片段的间接证据相互衔接，补充和完善证据链条，达到认定案件事实指控犯罪的目的。更需要注意的是，当间接证据出现相互之间无法相互印证、存在无法排除的矛盾或无法解释的疑问，或者依据间接证据认定的事实结论不唯一，无法排除合理怀疑等情况，无法满足起诉条件时，对案件应当作出存疑不起诉处理。

下面结合具体案件麻某、侯某涉嫌强奸周某某一案加以说明。

基本案情：被害人周某某与犯罪嫌疑人麻某的儿子小麻是大学同学，周某某在小麻的介绍下认识了麻某及侯某，案发当日，四人曾一同在一家日本料理店吃中餐，餐后小麻和麻某带周某某前往某酒店开了一间套房，侯某于当晚20时许来到酒店，23时许，被害人周某某拨打电话告知自己的男友其遭到侯某强奸，23时30分，周某某的男友拨打电话报警。随后公安机关将小麻、麻某及侯某抓获归案（后因只有小麻自称与被害人发生关系外，没有其他任何证据对此予以印证，故公安机关未将小麻一并移送审查起诉）。在公安机关侦查阶段，被害人周某某称自己吃饭的过程中发现酒中有白色粉末，饭后觉得头晕，后来只记得进了酒店黄色的大堂后一直处于昏睡状态，直至感觉自己的下身很疼，才发现侯某在对自己实施奸淫。犯罪嫌疑人侯某对于自己强奸周某某的事实始终予以否认，称自己到酒店见到小麻和麻某后找卫生间小便时，被害人周某某大闹称侯某对其实施了强奸。麻某和小麻所做的供述基本一致，辩称均与周某某发生了关系且系双方自愿，侯某到酒店后未对周某实施奸淫行为。除了上述证据外，本案再无其他直接证据，另有大量间接证据，例如：被害人提供的两条内裤，现场勘验、检查笔录，DNA 鉴定意见，毒物检测报告，酒店监控录像等。

案件公诉人通过对全案证据的审查，发现虽然犯罪嫌疑人麻某、侯某有对被害人周某某实施强奸行为的重大嫌疑，但本案在两个关键环节，即不知反抗和性关系的发生上，间接证据无法与直接证据予以印证。特别是关于性关系的发生，间接证据间存在重大矛盾，无罪证据与有罪证据并存，无法认定麻某、侯某的行为构成犯罪。

首先，关于被害人周某某是否处于不能反抗的境地。本案中证明被害人处于不知反抗境地的证据存在矛盾，具有重大疑点。

一是公安机关起诉意见书认定被害人周某某为酒醉昏睡状态，但根据酒店监控录像显示其进入酒店后只是步态轻浮，身体略显疲态，并不属于不省人事的状态。作为间接证据的监控录像与被害人陈述出现了矛盾。

二是被害人自述称中午 13 时左右吃完饭，自己就开始头晕，后来回忆喝的酒中有白色粉末，下午 17 时左右到了酒店就什么都不记得了，因此对于何种药物能在被害人周某某服用三小时后才产生令人昏睡的情况存在疑点，且毒物检测报告中显示被害人周某某的尿液中也未检测出催眠类药物。针对上述情况，公诉人咨询了相关专家法医。法医解释称一般常用的镇静催眠药，服用1小时至2小时后会产生药效，2小时至3小时后血液浓度会到达峰值，每个人服用后出现的情况会和服用的药量、人的个体差异等有关。对于毒物检测报告中被害人尿液的提取时间超过了48小时，因此难以再检测出催眠类药物。因此，对于周某某是否处于昏睡而不知反抗的证据不足。

其次，周某某与麻某、侯某之间是否发生了性关系，间接证据间存在无法排除的矛盾且无法解释。

案发后，被害人周某某曾向公安机关先后提交了两条内裤，经检测第一条黑色内裤上检测出了麻某、侯某的DNA，第二条花格内裤上检测出了麻某、侯某、周某某三人的DNA，但周某某在999急救中心所提取的三根阴道棉球上却没有检测出精子，致使上述两条内裤上的精液来源产生了重大疑点。

案件公诉人对于上述间接证据的提取过程进行了补证，查明案发后，技术民警带领周某某来到999急救中心提取周某某阴道棉球，并按要求告知值班医生用棉球提取被害人阴道前、中、后三个部位，最远的后部直达女性阴道的穹窿部，提取阴棉后，医务人员将三根阴棉分别装入三根试管内后交给技术队民警。案发次日上午5时许，被害人回到住处后换上花格内裤，并向公安机关提供了黑色内裤一条，同日下午被害人发现新换的花格内裤上有黄色印记，并又向公安机关提供了第二条花格内裤。

由此可见，被害人一直身穿第一条黑色内裤直至前往999急救中心提取阴道棉球后才换上了第二条花格内裤，三根阴道棉球上通过了女性闭合的阴唇，却没有检测出任何精子，但第二条花格内裤上反而出现了两名犯罪嫌疑人的精液。

针对上述间接证据间出现的矛盾，案件公诉人咨询了公安机关法医，询问其根据现有证据是否能够判断被害人内裤上的精液来源，其答复称若是阴道棉球提取了被害人阴道前、中、后三个位置，而未检见精子，便难以判断被害人内裤上的犯罪嫌疑人精液是否从被害人体内流出，更无法判断被害人内裤上的犯罪嫌疑人精液的来源。

综合上述情况，证明性关系发生的间接证据之间出现的矛盾无法做出合理解释，致使上述间接证据无法作为定案依据，被害人与犯罪嫌疑人之间是否发生了性关系便无法认定。最终该案作了存疑不起诉处理。

十、批捕阶段性侵害案件的证据证明标准、证明方法及逮捕措施适用实例

刑事诉讼法规定的逮捕条件之一是有证据证明有犯罪事实，即有证据证明发生了犯罪事实、该犯罪事实是犯罪嫌疑人实施的，证明犯罪嫌疑人实施犯罪行为的证据已经查证属实。与起诉案件要求事实清楚明确、证据确实充分的标准不同，批捕阶段所需证据只需达到查证属实即可。性侵案件也不例外。

虽然证明标准不同，但批捕阶段性侵案件的证据审查同样需要完成刑事证明的三个环节。第一个环节是对单个证据"三性"的审查，这个环节常用的证明方法是"法证"，即依照现有的证据法则审查证据的"可采性"。第二个环节是对证据真实性的判断，证明的方法是根据经验法则、矛盾法则等，从单个证据的来源、证据的取得程序、证据的形式、提供主体等方面判断证据的同时，通过两个证据乃至多个证据相互印证并以证据链集的形式来确认证据的真实性。这个环节常用的证明方法是"印证"。第三个环节是对全案证据充分性的衡量。不仅要对单个证据证明力强弱的判断，还要对全案证据链是否完整、闭合进行综合评价，需要在法证、印证的基础上，运用经验法则、逻辑推理、刑事推定等方法考量，其常用的方法是"心证"，即利用科学的思维规律判断案件事实的"可信性"，或者说"内心确信"。上述三种证明环节相互渗透、综合运用，即按照"科学法证"、"链集印证"、"合理心证"的要求"合一"，达到证明案件事实的目的。其中，链集印证方法虽然不是"强奸罪"专门的证明方法，但其思路在办案实践中均得以体现，对总结强奸罪的证据标准和证明方法有较强的指导意义。

在司法实践中，检察机关对强奸罪的证据分析、证据链组织、全案把握上有着比较独特的方式。主要体现在：（1）证据来源是重点审查要素之一。证据来源是否合法，影响全案的事实认定。用来定案的证据必须是经过合法程序取得的。证据的来源考量案件认定的原则性要素。（2）间接证据对案件认定的影响力强，有时甚至强于犯罪嫌疑人供述和被害人陈述。（3）不追求毫无疑点，而是在对证据全面审查的基础上，通过证明犯罪构成要件的证据相互印证，达到内心确信，即通过"印证"达成"心证"。（4）较多运用经验判断、逻辑推理、心理学分析等方法。

逮捕作为强制措施之一，其主要任务就是保证侦查顺利进行，使有罪的人受到应有的法律制裁，但因其严厉性，逮捕措施的适用需要慎之又慎。鉴于性侵犯罪的证据复杂多变，受侦查时限所限及侦查机关"由供到证"的惯性取证思维，侦查机关往往无法在批捕阶段对相关证据进行全面、深入的调取。批

捕部门受理案件后常常面临进退两难的困境，实务中容易出现两种明显偏差：一是证据标准把握过严，束缚了逮捕措施功能的正常发挥，导致后续侦查陷入困境，不利于打击犯罪，同时易激化次生矛盾；二是标准把握过宽，有"以捕代侦"之嫌，侵害了犯罪嫌疑人的合法权益，有悖于公正司法。因此，如何合理运用逮捕强制措施，确保既不放纵犯罪，也不冤枉无辜，值得我们深入探讨。

下面笔者将从逮捕的证明标准、证据审查方法出发，分析不同证据情况下逮捕措施的运用。

（一）闫某某强奸案——以核心证据排除合理怀疑时的逮捕措施适用

实践中性侵案件的证据情况较其他类型案件更为复杂，言词证据之间矛盾突出，甚至更多时候仅为"一对一"的证据，而客观证据因性侵案件的案发时间、案发地点所限可能根本不存在，也可能因报案时间、侦查期限及侦查员办案经验、侦查方向等因素已经灭失。在证据稀少甚至部分证据缺失的情况下，围绕核心证据，对全案证据进行衡量，通过运用经验法则、矛盾法则、推理等科学思维方法，能够在是否违背妇女意志、是否发生性关系等核心争议点上形成"内心确信"，即便不能完全排除所有疑点，也可以适用逮捕措施。

以闫某某强奸案为例。2011 年，被害人张某某通过他人结识犯罪嫌疑人闫某某（已婚），后两人偶尔联系。2013 年 11 月 15 日，犯罪嫌疑人闫某某以给被害人介绍工作为名，邀请被害人参与其在海淀区某别墅区的会所组织的饭局。11 月 16 日 10 时许，被害人男友胡某某将被害人送至上述地点，后被害人与犯罪嫌疑人及犯罪嫌疑人的朋友在案发地点吃饭喝酒，散席前，被害人饮用犯罪嫌疑人单独为其准备的小半杯大象果酒，待客人离开后被害人昏迷。后犯罪嫌疑人趁被害人昏迷之际，强行与被害人发生性关系。被害人男友胡某某及姐姐李某某赶至别墅找到被害人时，被害人神志不清，经送医，发现被害人药物中毒。

本案的证据主要有犯罪嫌疑人闫某某的辩解、被害人张某某陈述、证人证言、现场勘验检查笔录、鉴定意见、诊断证明、开房记录、犯罪嫌疑人与被害人通话记录、到案经过等。现场勘查时从一个酒杯中提取到白色液体；鉴定意见显示被害人的胸部有犯罪嫌疑人遗留的唾液；诊断证明显示被害人药物中毒。鉴于犯罪嫌疑人辩解称被害人系其情人，案发当日被害人在饮酒前自愿主动与其发生性关系，而被害人称酒后昏迷，对此后发生的事情一概不知。故本案的证据审查重点主要是两名当事人之间的关系及其他的言词证据。

犯罪嫌疑人闫某某对于强奸被害人一事始终否认，辩解称双方在案发当日饭局开始前自愿发生性关系。被害人张某某陈述否认自己和闫某某存在不正当男女关系，案发当日自己饮用犯罪嫌疑人为其单独准备的大象果酒后昏迷，不清楚后续事情。证人李某某（被害人的姐姐）、胡某某（被害人的男友）证实案发当日找到被害人时，被害人已经昏迷不醒。证人王某某、刘某（被害人的同事）证实闫某某与被害人系普通朋友关系。证人高某（犯罪嫌疑人朋友）证实案发当日被害人饮用犯罪嫌疑人为其单独准备的大象果酒。证人何某某（犯罪嫌疑人朋友）、杨某某（犯罪嫌疑人妻子）证实案发后，闫某某离开北京，后指示他人将别墅内的酒搬至大兴出租房。

医生果某某证实案发当日其接诊被害人时，被害人神志不清，从其血液中检出氯氮平，该药物经食用后 20 分钟至半小时就会昏迷。

在本案中，虽然部分证人与被害人或者犯罪嫌疑人关系密切，但其提供的言词证据相对客观，具有较高的证明力，经分析发现，犯罪嫌疑人的口供与本案言词证据、书证和物证存在以下矛盾之处：

第一，犯罪嫌疑人辩解称其与被害人系情人关系，案发前两人曾外出开房并发生性关系，但民警调取的书证、物证中无犯罪嫌疑人所述的开房记录，通话记录显示双方联系并不紧密。两名证人均证实两人系普通朋友关系。依此，印证了被害人关于两人非情人关系而系普通朋友关系这一陈述的真实性。

第二，犯罪嫌疑人辩解称案发当日 10 时许，被害人到达别墅后饭局开始前，其与被害人自愿发生性关系。但因此前犯罪嫌疑人的朋友李某帮忙收拾，后因煤气不足，李某外出购气，而当日犯罪嫌疑人一人独自负责做十余人的饭菜，而客人陆续于 11 时许到达。在明知李某及客人随时到访，且时间如此紧张的情况下，犯罪嫌疑人会有精力与被害人发生性关系？

第三，犯罪嫌疑人坚称案发当日自己没有给被害人喝的果酒内下药，被害人系醉酒。但从参加饭局的其他证人证言及被害人的身体状况来看，被害人在饮用了犯罪嫌疑人单独为其准备的果酒后昏迷，后从被害人血液中检测到安定类药物氯氮平。而当日参加饭局的其他客人没有出现类似现象。

第四，案发后，犯罪嫌疑人迅速逃离北京并更换联系方式，后又指使他人破坏案发现场，在咨询律师并精心准备后，带着律师到公安机关投案，还向被害人发送请求谅解短信，其后续行为的动机值得怀疑。

本案是一起直接证据"一对一"的案件。因被害人陈述与犯罪嫌疑人供述相互矛盾，因此本案直接证据不能形成完整的证据链条，只能从间接证据入手寻找能够与直接证据相印证的证据。但如此繁多的间接证据，哪些才是关键证据，有多个证据证实被害人案发前与犯罪嫌疑人系普通朋友关系，但不能直接印证发生性关系是否违背被害人意志，因而不是关键证据。本案的关键证据：被害人喝下犯罪嫌疑人为其单独准备的果酒后昏迷、案发后犯罪嫌疑人逃离北京、破坏现场的行为，前者印证了被害人性意志的非自愿性，后者说明了犯罪嫌疑人的辩解不合理，从而体现了被害人陈述的真实性，形成了完整的证据链条。最终承办人作出了批准逮捕的决定。

（二）窦某某强奸案——证据链条缺失但有补证空间时的逮捕措施适用

鉴于批捕阶段取证存在局限，若单论证据，部分性侵案件虽然基本排除合理怀疑，但证据链条尚不完备，未达到逮捕的证据条件。考虑到逮捕措施是保障诉讼的重要手段之一，在后续侦查条件具备且很有可能调取关键争议点证据的情况下，实务中以鉴定意见、通话和聊天记录、监控录像等最为常见，适用逮捕措施并积极引导侦查是及时必要的，否则侦查工作可能就此限于困顿，同时易造成司法资源的浪费和诉讼程序的停滞不前。另外，逮捕措施具有延续性，而案件的证据情况、刑罚条件及犯罪嫌疑人社会危险性因素等均有可能发生变化，因此准确、及时启动捕后跟踪审查机制以监督逮捕措施的适用显得尤为重要。

下面将以窦某某涉嫌强奸袁某一案加以说明。案发当日，犯罪嫌疑人窦某某和朋友在某俱乐部唱歌时，由被害人袁某陪酒（不提供性服务），结束时窦某某提出带被害人外出吃饭。当日5时许，犯罪嫌疑人窦其某带被害人袁某至海淀区某酒店，同行朋友相继离开。被害人意图离开时，被犯罪嫌疑人强行拉拽至某房间内。据被害人袁某反映，其被窦某某抱进房间后即跑入洗手间给男友打电话，但窦某某闯入洗手间制止，随后将其按倒在床上，咬其脸部并掐其脖子，强行与其发生性关系并射精。但犯罪嫌疑人辩称二人未发生性关系，被害人袁某的伤情是其自己在卫生间摔倒所致。当日7时许，被害人袁某离开酒店并将此事告诉室友及男友，在室友建议下将案发时衣物保存好，并将自己的银行卡账号通过短信方式告诉了犯罪嫌疑人窦某某以期获取赔偿款。后应犯罪嫌疑人窦某某要求，并经所在单位领导调解，被害人袁某同意和犯罪嫌疑人窦某某私了，收取犯罪嫌疑人窦某某3万元人民币。事后被害人袁某眼部出现病变，近乎失明，故于案发一个月后报警要求追究犯罪嫌疑人刑事责任。

本案中，双方言词证据存在多处矛盾，犯罪嫌疑人自始至终辩称被害人事先同意出台且自愿进入宾馆房间，但在卫生间内曾摔倒在地，出来后便执意离开，同时要求自己支付2000元钱，否则将报复自己，期间双方从未发生肢体冲突及性关系。涉案的两名证人证言均属于传来证据，在卷的客观证据仅有酒店走廊监控录像、被害人伤情诊断和照片、被害人提供的衣服上精斑照片。酒店走廊监控录像证实二人走出电梯后，被害人意图往电梯方向走，但始终被犯罪嫌疑人拉拽，后被害人倒地，随即被犯罪嫌疑人往楼道内拖行，被害人步伐摇晃。被害人伤情诊断和照片显示其面部有咬痕。需要说明的是，因侦查期限所限，关键的物证即被害人案发时衣物上的精斑与犯罪嫌疑人窦某某的 DNA 比对无法在审查逮捕阶段提供。

本案属于被害人具备特殊身份且报案延迟的案件。但承办人审查批捕阶段已有证据后，认为犯罪嫌疑人辩解与监控录像、伤情照片等客观证据之间存在以下诸多矛盾：

第一，犯罪嫌疑人窦某某辩称被害人虽然曾在宾馆走廊内摔倒，但是自愿和其来到宾馆并进入房间，且二人有搭肩、挽腰的动作。但结合被害人袁某的陈述及案发现场的监控录像来看，窦某某和袁某之间存在明显的拖拽和拉扯行为，尤其是袁某倒地之后，犯罪嫌疑人拖行步态摇晃的被害人往楼道内走去。双方肢体动作显示袁某对于进宾馆房间主观上非出于自愿。

第二，犯罪嫌疑人窦某某声称二人未发生肢体冲突，且被害人袁某曾在宾馆电梯外和房间卫生间内摔倒，但据伤情照片所示被害人的明显外伤集中在脸部，且从痕迹形态分析属于典型的咬痕，与被害人描述的致伤原因一致。

第三，犯罪嫌疑人窦某某辩称未与被害人发生性关系，但案发后被害人袁某将案发时所穿衣物保留完好，并主动提供给公安机关以鉴定衣物上的精斑所有者。虽然该证据因客观所限无法提供，但从常理来看，被害人此举的目的是为了通过客观证据来确定犯罪嫌疑人曾与自己发生过性关系，以推翻犯罪嫌疑人的无罪辩解，并印证自己反复强调的犯罪嫌疑人违背自己意志而与自己发生性关系的事实，故被害人主动提供衣物的行为对强奸行为形成侧面印证。

第四，被害人陈述证实其于案发当日 7 时许离开宾馆后曾将银行账户以短信形式发给犯罪嫌疑人窦某某以期获取赔偿。而犯罪嫌疑人窦某某则声称被害人袁某在摔伤后曾威胁其支付 2000 元，因怕袁某找自己麻烦便使用袁某手机给朋友刘某打电话，让其汇款 2000 元到被害人账户。对此细节，刘某虽然是犯罪嫌疑人窦某某朋友，但其证言却与被害人袁某说法一致，证实其接到犯罪嫌疑人窦某某要求汇钱的电话的时间为早上 8 时许，明显晚于被害人袁某离开宾馆之时。

第五，犯罪嫌疑人窦某某辩称被害人袁某是自愿出台，曾收取 1200 元出台费，但被害人袁某以及单位负责人均否认公司存在性服务的项目，且同在场的犯罪嫌疑人朋友均未提及犯罪嫌疑人在歌厅曾支付被害人 1200 元一事，也无法证实该笔款项的性质。

据此，虽然犯罪嫌疑人零口供，且核心的客观证据存在缺失，但通过运用心理学、法医学等常识经验，对被害人陈述、犯罪嫌疑人供述与在卷其他客观证据的对比分析、链集印证，凸显了被害人陈述的真实性，从而形成了相对确定的"内心确信"。鉴于犯罪嫌疑人案发后逃匿，且到案后拒不交代犯罪事实，认罪悔罪态度恶劣，有逃避刑事处罚的可能性，承办人据此作出了批准逮捕犯罪嫌疑人窦某某的决定，同时列明补充侦查提纲要求对提取的精斑与犯罪嫌疑人 DNA 进行比对。

但是，犯罪嫌疑人窦某某被执行逮捕措施后，公安机关提供了办案说明，证实经比对犯罪嫌疑人 DNA 与被害人袁某所提供的内裤精斑上的 DNA 非同一人所遗留。承办人联系公安机关要求移送正式鉴定意见，但公安机关技术侦查部门负责人答复称只有在比对出同一的 DNA 鉴定才出具正式报告，故本案只能以《工作说明》的形式对鉴定结果予以说明。虽然该证据在形式上存在瑕疵，但作为最关键的客观证据无疑推翻了被害人陈述的根本立足点，使之前关于犯罪嫌疑人窦某某强奸被害人袁某的证据链条出现明显断裂。结合本案证据存在诸多疑问的情况下，现有证据无法证实犯罪嫌疑人窦某某存在强奸被害人的犯罪行为，故承办人撤销了对犯罪嫌疑人窦某某的逮捕决定。

需要说明的是，2006 年颁布的《人民检察院审查逮捕质量标准（试行）》第 4 条的规定标志着附条件逮捕定期审查制度的正式确立。但 2013 年出台的《关于人民检察院审查逮捕工作中适用"附条件逮捕"的意见（试行）》将附条件逮捕的案件类别限定为"重大案件"，即犯罪嫌疑人可能被判处十年以上有期徒刑、无期徒刑或者死刑的案件；可能判处五年以上不满十年有期徒刑的危害国家安全和严重危害公共安全的暴力犯罪等六类案件也可以认为是"重大案件"，其中就包括强奸致人重伤或死亡的严重暴力犯罪。因此，若"重大"强奸案件的证据标准已达到了"有证据证明的事实已基本构成犯罪，经过补侦能够收集到定罪必须的证据"的程度，且符合逮捕社会危险性的条件，则可以适用附条件逮捕措施。譬如前文所述的麻某、侯某强奸案。犯罪嫌疑人侯某于案发次日即到案（先于麻某、小麻到案近一年时间），其自始至终辩解称未与被害人发生过性关系，但司法鉴定部门口头答复称从被害人内裤上发现犯罪嫌疑人侯某及他人混合精斑，但在审查逮捕阶段无法出具书面鉴定意见。因犯罪嫌疑人的辩解存在诸多不可信之处，且被害人陈述、相关证人证言、物证等证据之间能够相互印证，证明犯罪嫌疑人侯某存在强奸的重大嫌疑。同时，轮奸属于法定刑十年以上有期徒刑的严重犯罪，因至关重要的 DNA 鉴定意见在后续侦查阶段能够调取，且同案犯麻某和小麻案发后逃匿，如对犯罪嫌疑人侯某取保候审不足以防止串供、毁灭证据等危险发生，故承办人作出附条件逮捕决定。

（三）曾某某强奸案——客观取证条件丧失、疑点不能合理排除时的逮捕措施适用

如前所述，实务中因时间、外界环境、技术条件变化、利害关系人潜在影

响等客观因素导致性侵案件证据灭失或证据能力丧失、证明力减弱的情况并不少见，前者主要集中在物证、书证、鉴定意见等客观证据，而后者以言词证据最为突出。在这种情况下，即便穷尽已知的所有证据分析方法，还原法律事实也已成为空谈。所以在犯罪嫌疑人有重大作案嫌疑，但因取证条件丧失而不能合理排除关键疑点的案件采取不批准逮捕措施为妥。

如曾某某强奸一案中。2013 年 4 月 15 日，犯罪嫌疑人曾某某与被害人宫某某通过某婚恋网站结识。因被害人着急结婚，遂于 4 月 18 日晚与犯罪嫌疑人见面，两人吃完饭后，被害人受邀到犯罪嫌疑人家参观，两人回到犯罪嫌疑人的家中后，被害人称犯罪嫌疑人违背其意志，采取掐颈及言语威胁的方式将其强奸，次日其离开时犯罪嫌疑人威胁其不许报警。为顾及颜面，被害人未报警。此后两人未再继续见面。2013 年 5 月 17 日，被害人宫某某发现自己怀孕，遂找到犯罪嫌疑人，要求犯罪嫌疑人陪同做人流手术，犯罪嫌疑人否认孩子是自己的。被害人向朋友高某某咨询此事后，在高某某劝解下，被害人于2013 年 5 月 19 日向警方报案，5 月 21 日，被害人在医院接受人流手术。2013年 7 月 14 日，犯罪嫌疑人应其他女网友的邀请外出约会时被民警抓获。

由于本案案发时只有犯罪嫌疑人与被害人在场，直接的有罪证据与无罪证据形成了一对一的矛盾局面，加之案件发生已久，被害人未及时报案，相关证据未能及时提取并妥善保存，在法律上还原案件当时的情境相当困难。本案经历两次提捕，最终仍未能调取到证实犯罪的有罪证据，从而导致案件难以认定和解决。

犯罪嫌疑人辩解称案发当日双方系自愿发生性关系。虽然从案发经过及本案证据情况来看，犯罪嫌疑人的辩解存在不合理之处，但本案存在诸多疑点导致无法轻易排除或采信其辩解：

第一，案发当天，犯罪嫌疑人曾某某与被害人宫某某第一次见面，两人并不相熟，而被害人宫某某本人系军人，并非行为不检点之人，在这种情况下，被害人宫某某是否愿意在第一次与相对陌生的犯罪嫌疑人见面时就愿意与犯罪嫌疑人发生性关系，且不采取任何避孕措施。在发生性关系后两人再未见面，甚至被害人连自己的真实姓名都没有告知犯罪嫌疑人。

第二，犯罪嫌疑人曾某某称案发当时，与其同住的另外两间卧室的租客应该在家。租客韩某某及刘某某虽然证实曾某某曾经带女子到过家中，两人见过女子的背影，但两人均记不清具体时间及女子的长相、人、体貌特征等。而被害人证实案发当晚，案发现场没有其他人。因此，现有证据无法证实案发当晚现场是否还有除被害人和犯罪嫌疑人以外的第三人在场，无法对犯罪嫌疑人或者被害人的说法进行佐证。

并且，被害人证实案发当晚其与犯罪嫌疑人发生争吵，声音很大。若真如此，犯罪嫌疑人的房客应该能够听到，但犯罪嫌疑人房客韩某某否认了上述说法。虽然韩某某系犯罪嫌疑人的房客，但两人并无其他特殊关系，韩某某不会替犯罪嫌疑人承担伪证的风险，其证言比较客观。因此，现有证据无法证实犯罪嫌疑人在与被害人发生性关系的过程中，被害人曾反抗或犯罪嫌疑人曾对被害人言语威胁，也就无法证实犯罪嫌疑人违背被害人的意志。

第三，从报警原因来看，被害人在得知怀孕并将此事告知犯罪嫌疑人后，犯罪嫌疑人不承认孩子是自己的，并拒不陪同被害人到医院接受人流手术，被害人因此选择了报警。而被害人自己也表示若不是出现上述状况，为了保存自己及家人的颜面，其可能选择就此隐忍。

另外，犯罪嫌疑人曾某某及其朋友何某某均提及被害人以怀孕为由向犯罪嫌疑人索要经济补偿，称若不给补偿便向警方报案。这使得承办人不得不质疑被害人报警的原因，到底是因遭受强奸，还是因事后未得到犯罪嫌疑人经济补偿而为了报复犯罪嫌疑人。

第四，被害人宫某某陈述及诊断证明、就诊病历证实案发后第二天，被害人曾到医院就诊，诊断结果显示被害人颈部皮肤充血，有抓痕，略显红肿。据被害人所述，颈部抓痕系犯罪嫌疑人掐脖威胁所致。虽然被害人声称案发当晚颈部被犯罪嫌疑人掐伤，但疑点在于：一是该诊断证明中显示被害人颈部红肿伴有抓痕，依据常识，因被害人称当时被犯罪嫌疑人掐的喘不过气，则犯罪嫌疑人的力度应该比较大，掐颈应该导致颈部双侧都有伤，且不应该是抓痕，故诊断证明中的伤情与掐颈所产生的伤痕不能完全符合。二是要想认定被害人颈部致伤原因，应由专门的鉴定机关出具正式的伤情鉴定，从而认定该伤情系外力所致还是其他原因所致，否则不能轻易认定系犯罪嫌疑人掐颈所致。而专业机构对上述伤情进行判断时，也要结合伤情照片等一系列客观证据，但目前要做到此点已不现实。

另被害人在陈述案发当时的反抗情况时，称曾将犯罪嫌疑人的手、身体及颈部等部位抓伤，因时隔久远，相关客观证据（如伤情照片、诊断证明等）已无法调取。被害人宫某某的朋友杨某某、李某某、高某某均证实案发后第三天，见到宫某某颈部右侧有瘀青，后从被害人口中得知系遭到犯罪嫌疑人暴力强奸所致。

上述证言仅能证实被害人颈部受伤，但由于颈部瘀青的致伤原因有千余种，在无其他客观证据（如伤情照片）印证下，无法认定上述伤情系犯罪嫌疑人暴力强奸被害人所致。

第五，被害人前后陈述存在矛盾之处。首先，被害人在之前的陈述中，称当时被犯罪嫌疑人强行脱掉内外裤，后因屋内较黑找不到衣服和包，被迫留宿。之后称自己在卧室被犯罪嫌疑人强奸后到客厅上卫生间时，衣着完好。其次，被害人先前证实当时自己刚进犯罪嫌疑人家时，没有见到犯罪嫌疑人所说的音响设备，进入犯罪嫌疑人的卧室内，发现屋内很乱，椅子上和地上都堆着衣服。但其后又称遭到犯罪嫌疑人强奸后，因屋内一直没有开灯，屋里很黑，找不到衣服和包，所以没办法离开。如果一直没有开灯，其如何能看见屋内很乱，椅子上和地上堆着衣服的情形。犯罪嫌疑人与被害人到犯罪嫌疑人家的时间是 20 时之后，回家后犯罪嫌疑人是否会不开灯摸黑进入卧室值得商榷。被害人前后陈述矛盾，明显不符合逻辑。

第六，本案部分证据来源不明，无法核实其真实性、合法性，且存在公安机关转移矛盾、侦查贻误、取证不到位等情形。

公安机关于 2013 年 7 月 14 日将犯罪嫌疑人抓获后，并未立即对犯罪嫌疑人采取任何强制措施，后于 2013 年 8 月 22 日将犯罪嫌疑人刑事拘留，但在关押七天后将犯罪嫌疑人释放并变更强制措施为取保候审，又时隔近两个月才将本案移送检察院，在办案过程中我们了解到公安机关认为本案证据不足，但鉴于被害人的上访闹访，在本案证据不足不符合逮捕条件的情况下，仍将本案提请至检察院批准逮捕。

此外，由于公安机关的侦查贻误、取证不到位等情况，导致卷宗材料中的部分证据无法采信，例如：（1）民警在调取犯罪嫌疑人房客的证言时，房客证实当时没有听见异常声音。但民警未核实房客当时在房间里是否开着电视、是否在打电话等。调取上述证据一方面在于核实是否因上述情形导致房客无法听清犯罪嫌疑人卧室内的声音，另一方面在于核实如果有上述情形，被害人进入犯罪嫌疑人家时应该能够听到，依此来判断被害人称犯罪嫌疑人家中无人这一说法的真伪。（2）民警距事发近三个月时才到案发地点进行勘验，案发现场已被破坏，且该现场勘验仅显示了犯罪嫌疑人卧室的布局，未能证实被害人是否具备逃跑或者呼救的条件，也未能证实该房间的隔音效果，其他房客能否听到被害人的呼救。因本案案发距离事发时间较长，公安机关对现场进行勘验的意义是要查明在事发时间段，是否真如被害人所述，屋内较黑，无法在被强奸后找到自己的衣服、包和手机，无法判断屋内还有其他房客。但分局的勘验检查未证实上述事实，导致该勘验检查对还原案件事实未起到实质性作用。（3）诊断证明及就诊记录均由被害人本人提供，因被害人本人系医院护师，身份特殊，该证明及记录是否确系被害人就诊当日由医生出具。因被害人在之前的陈述中就已经提到犯罪嫌疑人对其采取掐颈的方式进行强奸，民警当时就应该询问其是否有医院就诊的记录或者诊断证明，但其未开展上述工作，也未调取相关证据。在二次提请逮捕后，又将被害人主动提供的诊断证明及就诊记录直接附在卷内移送至检察院，未到医院调取相关医生的证言，未对上述材料的真伪做进一步核实。因此，该诊断证明及就诊记录的来源和证明力值得怀疑，其记载的伤情是否为案发当日犯罪嫌疑人暴力强奸所致无法确定。

综观本案，被害人宫某某作为一名成年女性、军人，在案发后迈出犯罪嫌疑人家门的那一刻即可选择报警，但其却选择了隐忍不发，使得警方错失了调取相关客观书证、物证的时机（包括对现场进行勘验、对被害人伤情进行拍照、对精液等生理物证进行鉴定等）。时隔一个多月后被害人在发现自己怀孕，犯罪嫌疑人否认孩子是自己的并拒绝陪同被害人到医院做人流手术的情况下，被害人犹豫再三，又隔了两天才在朋友的劝解下向警方报案，称自己被强奸。但由于事发已经一个多月，案发当时的现场情况、生理物证情况、被害人的受伤情况均已无法调取，真实的案发经过已无法还原。现被害人向检方强烈要求追究犯罪嫌疑人的刑事责任，称不能让犯罪嫌疑人如此嚣张，加之犯罪嫌疑人及证人均提及被害人曾以怀孕为由向犯罪嫌疑人提出经济补偿，否则报警。被害人的报警动机不得不引起承办人的注意，其是否因为怀有犯罪嫌疑人孩子一事得不到犯罪嫌疑人承认或者经济补偿，所以为意气之争而报警。

即使抛开上述猜测，现有的在卷或者在案证据中，指向犯罪嫌疑人有罪的唯一直接证据只有被害人陈述，其他的证人证言都系警方在案发后四个多月调取，证人提供的证言大部分都是模糊性表述，连具体准确的时间都无法说清，且大部分都是从被害人或者犯罪嫌疑人处听说，属于间接证据、传来证据。加上在案证人要么与被害人存在利害关系，要么与犯罪嫌疑人存在利害关系，其证言的客观性及证明力因此被削弱。而与本案相关的客观证据又已灭失，案件中存在的诸多疑点使得承办人无法排除内心的合理怀疑。由于犯罪嫌疑人在被警方抓捕到案后，关押了短短七天的时间后即被释放，通常情况下，犯罪嫌疑人在被警方控制的情况下，其心理受到一定的强制，还有可能交代犯罪事实，而一旦被释放，侥幸心理加剧，后续犯罪嫌疑人再交代犯罪事实的可能性不大。现要确定本案犯罪嫌疑人曾某某涉嫌强奸罪的突破口和关键点只有犯罪嫌疑人的有罪供述，但目前来看，要做到这一点也非常困难。因此，在犯罪嫌疑人不承认强奸事实的情况下，本案只能以证据不足不予批准逮捕。

第三部分

公诉及其他诉讼环节相关问题的处理

第七章　性侵害犯罪案件公诉办案注意事项

第一节　性侵害犯罪案件公诉办案程序注意事项

一、告知被害人诉讼权利义务

（一）性侵害案件告权程序存在的问题

我国《刑事诉讼法》第44条规定："人民检察院自收到移送审查起诉的案件材料之日起三日以内，应当告知被害人及其法定代理人或者其近亲属、附带民事诉讼的当事人及其法定代理人有权委托诉讼代理人"，同时，应当告知被害人的还应当包括控告权、提起附带民事诉讼权等九大项权利以及如实提供证据、陈述等五项义务。

为了履行上述规定，人民检察院在案件审查起诉阶段一般会制作《被害人诉讼权利义务告知书》进行邮寄送达或者当面送达，并通过电话、约见等方式，进一步向被害人详细阐述上述权利义务，并了解案情。

但是性侵害案件在此告权阶段则存在一定的不同，这是由性侵害案件本身的特点决定的。一方面，此类案件涉及个人隐私。另一方面，性侵案件受害人往往不希望过多人知悉此事，以免给今后的生活造成负面影响，甚至有的案件中被害人不希望家人知道。

而邮寄送达《被害人诉讼权利义务告知书》时，虽然其内容本身并不会直接涉及案情，甚至也不会涉及案件的罪名，并且理论上该信件受《中华人民共和国邮政法》的保护，不会由被害人以外的人开启，但实际操作往往会不尽如人意，表现为：（1）邮件采用普通挂号信，存在泄露、遗失的可能性；（2）极有可能存在被害人家属代收、代拆信件；（3）寄件人本身为检察机关，即使是该信件封皮被被害人家属发现也会引起相应的追问。

（二）应对方法

由于上述可能性的存在，因此，检察机关在办理性侵害案件时，从切实保护被害人权益、切实避免二次伤害发生的角度出发，应对此类案件的告权方式进行变通，即采用当面告权为主、电话告权为辅、尽量不采用邮寄告权的特殊告权方式。

1. 具体来说，性侵害案件中告知被害人诉讼权利义务时，应优先采取当面告权的方式。即与被害人取得电话联系后，尽量劝说被害人来检察院，并可以由被害人自己选择合适的见面时间以加强保密性，而检察机关尽量在时间上予以配合。在会见时，与被害人当面沟通，向其详细介绍相关的权利，将《被害人诉讼权利义务告知书》向其当面送达。同时，听取被害人对案件办理的意见，并进一步向其了解案件情况，制作相关的笔录。

当面告权，与被害人进行直接的沟通交流，在办理性侵害案件时，有着较为明显的优势。第一，被害人可以自主地安排时间，加强了保密性；第二，方便对相关诉讼权利进行详细解读，有助于维护被害人的诉讼权利；第三，与被害人的当面沟通，有助于进一步了解案情，并加强承办人对案件的内心确信。

2. 如被害人确因路途遥远等原因不便来检察院，则可采用电话告权的方式。与当面告权相比，电话告权在保密性上差距不大，但是在与被害人的沟通交流方面，则存在一定的不足。在性侵害案件中，也确实存在一些问题，不方便通过电话进行沟通。因此，电话告权的同时，也应询问被害人是否愿意来院领取《被害人权利义务告知书》，或者是由其提供地址进行邮寄送达。

3. 在其他案件中优先采用的邮寄《被害人诉讼权利义务告知书》进行告权的方式，在性侵害案件中应当作为补充的手段进行使用。

性侵害案件中往往存在着被害人人户分离的情况，即卷宗中被害人所留的地址或者是其原籍的地址或者是其临时租住的地址。

如果是原籍地址，那么如果按照该地址直接将告权书邮寄回原籍，有极大的可能性被害人在第一时间是无法收到该告权书的。反之，被害人的家属则有可能一定时间收到署名为人民检察院的邮件，并向被害人进行询问或直接开拆邮件。如之前被害人对自己家人采取了保密的方式，则此种情况下被害人就有很大可能受到第二次侵害。

如果地址是临时租住地，由于被害人自身的流动性，有很大的可能在案件发生后被害人进行过住址的迁移。这时，该封信件有一定的可能被案外人获得，从而引发泄露被害人隐私的风险。

因此，原则上只有用电话与被害人进行沟通，征得被害人同意后，才能采用邮寄《被害人诉讼权利义务告知书》的方式进行告权。

（三）案例

李某某强奸案。该案中，犯罪嫌疑人李某某酒后将路过的被害人张某某（女，某幼儿园老师）采用掐脖子等方式挟持至无人处并采取按手、掐脖子等手段强行与其发生性关系。

案件受理后，承办人首先通过电话与被害人进行联系，告知被害人张某某相关诉讼权利义务。当承办人询问是否需要邮寄诉讼权利义务告知书时，被害人张某某即明确表示不希望此事被家人以及单位同事知道，以免给其今后的工作生活造成影响。基于被害人的上述意愿，承办人没有向其家庭住址及工作单位邮寄告知书，而是将电话告知的情况以《工作记录》的方式详细记录并入卷。

二、接待、询问被害人

（一）性侵案被害人的心理特点

根据《人民检察院刑事诉讼规则（试行）》第 364 条、第 365 条规定，"人民检察院审查案件，应当讯问犯罪嫌疑人，听取辩护人、被害人及其诉讼代理人的意见，并制作笔录附卷。""直接听取辩护人、被害人及其诉讼代理人的意见有困难的，可以通知辩护人、被害人及其诉讼代理人提出书面意见，在指定期限内未提出意见的，应当记录在案。"根据此规定，在审查起诉过程中，应采取当面听取被害人意见为主，书面听取意见为辅的原则。

不同于一般刑事案件，性侵害案件被害人有其独特的心理特征：一方面强烈希望司法机关从严惩处犯罪嫌疑人，另一方面不愿过多回忆案件过程或者案件细节。其实这都是与传统社会妇女的"名节"意识紧密联系的。而在刑事案件办理过程中，为了更好地指控犯罪，检察机关往往不得不在各种涉案细节上向被害人进行核实，这就容易造成被害人在上述两方面摇摆，即是不是应当通过对细节的回忆更好地指控犯罪嫌疑人。

同时，与一般刑事案件比较，性侵害案件的被害人往往会有着相当的内心耻辱感以及对犯罪嫌疑人的憎恶。这种心态使得被害人在参与案件进程时较为敏感，在接待性侵害案件被害人时，如果处理不当，则上述的内心的羞辱感以及对犯罪嫌疑人的憎恶很容易转化为对司法机关及案件承办人的不信任、不满意，甚至出现闹访。

（二）基于上述特点，接待此类被害人时应注意以下几点

1. 注意言谈举止

在交谈过程中要充分考虑到被害人所受伤害，并表示出同情，以拉近与被

害人的距离。同时可以把接待的地点从专门的提讯室换到接待室，并适当准备茶水等，以增进互信。

同时要格外注意倾听被害人的陈述，而不能让被害人觉得案件承办人对其有敷衍、应付差事、漠不关心等态度。通过交谈与被害人建立起一定程度上的信任关系，从而有利于下一步工作。

2. 客观介绍、分析案情

被害人来电来访时问及案件办理情况时，承办人应客观地介绍、分析案情，特别是在案件证据还未达到确实、充分的情况下，应将情况如实向被害人做介绍。当然，这并不一定是要求将案情向被害人详细分析，但应将案件证据的整体情况、存在的主要问题向被害人阐明，以让其对之后的处理结果有一定的预期。

如张某强奸案，检察机关最后依法作出存疑不起诉处理。承办人在接待被害人时，就直接将案件中已有的证据情况向被害人进行阐明。同时将被害人本人在案件过程中存在的一些瑕疵向被害人本人直接阐明，如被害人在案发后第一时间没有报案、被害人在案发后就案情向自己的丈夫进行了隐瞒、被害人在案发时有条件呼救、逃跑而没有呼救、逃跑等情况。在此过程中，被害人虽然也对上述情况进行了解释，但是在承办人向其详细说明了上述瑕疵会直接对案件处理产生影响时，被害人在心理上已经建立了一定的预期和理解。因此，本案虽然被害人在公安机关曾经进行闹访，并以各种激烈方式要求公安机关就案件进行立案侦查，但是当案件最终由检察机关作出存疑不起诉处理之后，被害人没有继续就案件进行纠缠，而事实上起到了罢访息诉的效果。

3. 不要轻易承诺

对于被害人提出的要求，承办人在接待时不能轻易答应，但也不宜直接拒绝，而务必采用策略性的应对方式。即应视情况告知其所提的要求会及时向领导汇报、会在接待后及时研究并予以答复。

被害人基于其特殊的心理特点，从保护自身、严惩罪犯的角度，往往在会见时会提出很多要求，这些要求应当得到重视，但是这些要求也往往存在激进的一面，与法律、政策的规定不符。如要求对犯罪嫌疑人超越法律规定求刑、要求检察机关扣押、冻结犯罪嫌疑人的财产等。这些要求与相关规定不符，但是从被害人的角度考虑的话，往往具有一定的合理性。因此，如果当面直接拒绝，则可能引发被害人对检察机关的不满，从而降低沟通的效率和效果。此时，如采用适当延后的方式进行回答，虽然最后的结果可能与被害人所期望的不同，但是可以显示检察机关已经进行了慎重的考虑，从而不会对后继的沟通造成障碍。

应当注意的是，对于被害人提出的明显违反法律的无理要求，还是应当当场予以制止。

如李某强奸案中，被害人及其丈夫在检察机关接待时当场提出让犯罪嫌疑人的妻子"陪睡"以进行补偿的要求。这种脱胎于血亲复仇观念的朴素的复仇观在群众中确实还存在，但是却与现行法律存在剧烈冲突，且直接构成了犯罪。

对于此种涉嫌犯罪的言论，检察机关应当在充分说理的基础上予以当面纠正。只要措辞得当，这种纠正，只会体现检察官在办案过程中尊重法律，客观公正的一面，而不会让被害人产生反感。

4. 疏导好被害人的情绪

性侵案被害人在案发后情感往往会处在一个高度绷紧的状态，而检察机关接待当事人时，由于需要对案件进行直接的回顾，这无疑会对被害人已有的紧绷情绪进行加码，导致在接待过程中被害人的情绪突然爆发。如突然哭泣，突然大骂，突然进行自残等激烈行为。

对此情况，承办人在进行接待时应做好相应的准备，并采取多种应对措施：

（1）冷处理，即短时间内让被害人宣泄情绪，等其宣泄完毕后再继续接待。

在冷处理的过程中，可以简单地进行言语宽慰或劝解，但更多的应当是冷静倾听。切忌当被害人情绪激动时，承办人也显示出急躁、不耐烦等情绪，这样会直接导致被害人同公诉方的对抗。

（2）转移注意力，即转换话题。通过与被害人聊其工作或者是其他其可能感兴趣的话题，转移被害人注意力。

这是一种放松当事人情绪的常用手段，即在接待性侵害被害人时，无须将所有的话题都集中在案件上，而是适当地与被害人谈一下她本人的工作、生活等。而被害人一旦出现情绪崩溃的情况，则可以待其稍微稳定后，适当地从案件话题转换到其他话题，使被害人的紧张情绪得到舒缓。

（3）及时制止，即在被害人情绪爆发，出现自残自伤或者对接待人员的人身安全产生威胁时，应当及时制止，使被害人认识到自己行为的过错，通过检察官坚定的态度让被害人明了检察机关严格依法办案的决心。

5. 接待人员互相配合

根据法律规定，接待性侵害案件被害人时，应双人进行。考虑到性侵案被害人为女性，为了起到更好的接待效果，原则上应当安排至少一名女性承办人进行接待。

双人接待，等于在人数上对被害人形成了优势，而利用好这个优势，就能给整个接待过程增加更多的主动性。"红脸黑脸"、"good cop，bad cop"，在东西方的法律文化中，其实都有类似的传统。即在双人接待过程中，一名工作人员主要负责事实追问、法律宣讲，突出接待严肃的一面。另一名工作人员主要负责情感疏导，情感贴近，突出接待亲情的一面。

在接待性侵害被害人时，原则上可以由女性承办人唱红脸，当另一名承办人与被害人就某些问题产生争议时，由该人及时采取措施缓和气氛。而另一名参与的承办人则可以更多地以相对严肃的形象出现，主要负责对被害人的不合理要求进行应对，对被害人的一些错误言行进行纠正。

6. 防止被害人录音、录像

随着科技手段的进步，出现了大量的便携录音、录像设备，而多数的智能手机也具备上述功能。

性侵害案件的被害人出于自我保护或者是对司法机关的不信任等心理，往往采用一些不必要的窃录手段。虽然公诉机关严格依法办案，但是一方面有明确的规定接待过程不能未经许可录音录像。另一方面对这些录音录像断章取义地使用无疑会对正常办案造成干扰。因此，在接待性侵害被害人时，要格外注意是否存在被害人录音、录像的情况。

上述情况的存在，要求承办人在接待被害人时做到以下几点：

（1）严格执行安检程序，依照接待室、讯问室的管理规章对手机等设备进行管理。

（2）在接待性侵害被害人时谨言慎行，不能轻易许诺，不能轻易下结论。

（3）承办人要注意控制自己的情绪，在被害人情绪激动时，承办人不能出现同样的情绪波动。

7. 对于案件的诉讼进展和情况，被害人问及时应如实告知，不能隐瞒或者虚假陈述

如实回答，是应对性侵害被害人提问时所应遵循的基本原则，特别是被害人询问相关案件进展时，更应详细地告知其案件所处的阶段以及法律程序履行的情况。

这也就要求承办人依照刑事诉讼法和刑事诉讼规则，对有关的诉讼程序向被害人进行详细的宣讲。特别是在案件需要依法延长审理期限或者退回公安机关补充侦查时，更应详细地向被害人解释采取相关法律程序的原因，并对相应的程序从法学理论上进行详细的解释。这样，有助于打消被害人可能存在的疑惑，避免因案件审理期限的变化使被害人对公诉方产生误解，从而使被害人更积极地配合公诉机关工作。

（三）询问被害人时所应特别注意的问题

根据《人民检察院刑事诉讼规则（试行）》第371条的规定，人民检察院对证人证言笔录存在疑问或者认为对证人的询问不具体或者有遗漏的，可以对证人进行询问并制作笔录附卷。

性侵害案件，往往由于其发生时环境的私密性，缺乏直接的证人证言，而被害人的陈述基本会作为案件中仅有的直接证据存在，因此被害人对案件事实的陈述在案件中会处于突出的地位。所以，如无特殊情况，检察机关在审查起诉性侵害案件时，均应对被害人进行询问，核实案情，补充证据。

询问性侵害被害人时，应特别注意以下问题：

1. 承办人在询问被害人前，应仔细阅卷，对案情有全面的了解，特别是了解犯罪嫌疑人供述与辩解和被害人陈述之间、被害人陈述与其他证据之间、被害人数次陈述之间的差异甚至是矛盾之处，明确需要核实的具体问题。

2. 性侵害案件中，被害人常常会基于自身名誉等方面的考虑，隐瞒与自己品格相关的事实，因而承办人在询问时，不要回避此类问题，要向被害人阐明如实陈述对案件的益处，并结合案件中证据之间的差异与矛盾，让其如实陈述，以还原案件真实情况。

如在闫某强奸案中，被害人体内提取到的DNA生物样本，与犯罪嫌疑人闫某的样本不符，而与案件中出现的一名证人相符。因该名证人为国家工作人员且有自己的家庭，因此被害人在陈述时回避了自己案发前不久与该名证人发生过性关系的事实，并不愿意配合说明情况。在此情况下，承办人向其详细介绍了性侵害案件的不公开审理原则和案件保密原则，并承诺如被害人向公诉机关将相关情况说明，则不需向该名证人进一步取证。通过案件承办人耐心细致的工作，被害人对相关情况进行了补充陈述，使案件主要证据之间存在的矛盾得到了排除。

3. 性侵害案件承办人在询问被害人时还应注意对被害人的全面观察。在询问中，除了对被害人的言词内容本身进行关注，还应该对其情绪、表情、语调等进行了解和判断。通过接触被害人，对其有直观的了解，对被害人陈述的真实性、可靠性等问题形成自己的内心判断，从而有助于准确认定案件事实。

但必须注意的是，这种内心判断应该是通过直接询问被害人，亲历其陈述时表情是否自然、言语是否真切、动作是否夸张以及所陈述案件事实是否符合常理等得出的，而不能根据询问前所了解的被害人的职业、品行等先入为主得出结论。

4. 询问被害人时，应灵活把握询问技巧，避免简单、直接的询问较为尖锐的问题，防止激化被害人情绪。

如在要求被害人描述性侵害的过程时，就应该避免采用"强奸"、"奸淫"等词语，而是使用一些"侵害"、"犯罪"等不会直接与性侵害关联的词语；又如在涉及具体的性行为细节时，则可以尽量诱导被害人自行陈述，而避免由承办人过多地对当时情况进行叙述等。

三、接待犯罪嫌疑人家属

犯罪嫌疑人家属并非刑事案件的当事人，很多家属也并非犯罪嫌疑人的法定代理人，除了采取强制措施后的必要告知程序外，相关的公诉案件办理程序中也没有规定办案过程中与犯罪嫌疑人家属有关的诉讼程序。

但是，在实践操作中，承办人往往要频繁接触犯罪嫌疑人家属，犯罪嫌疑人家属也是来访最多的人群。这就要求承办人在接待犯罪嫌疑人家属时也要注意如下事项：

1. 坚持以法律为准绳的立场

犯罪嫌疑人家属出于自己的主观立场，往往对案件进行一些臆测性的解读，并更愿意片面相信自己亲属的辩解，且对被害人存在偏见。同时，家属本身是案外人，自己没有受到强制措施等限制，其基本态度、基本观点也是与检察机关尖锐对立的，因此在接待过程中比被害人更容易出现情绪化反应。

针对犯罪嫌疑人家属，最基本的原则就是应当以法律作为准绳。在接待犯罪嫌疑人家属时，应通过对法律的宣讲，突出检察机关办理案件时公正、平和的态度。在整个接待过程中，对法律的宣讲应当处于绝对突出的地位，既讲实体法，也讲程序法，要充分地让犯罪嫌疑人家属感觉到检察官在法律上的专业性，从而对案件得到正确处理建立信心。

同时，鉴于犯罪嫌疑人家属往往会对前期的侦查机关即公安机关存在较大的意见，并将这种意识潜移默化地转到检察机关上来。承办人在接待时应通过对公安机关、检察院、法院三家相互制约、相互合作的关系进行介绍，并通过对检察机关的法律监督地位进行介绍，让犯罪嫌疑人家属了解检察机关与公安机关并非单纯的合作关系。检察机关有义务也有能力对公安机关的违法办案行为进行监督和纠正，从而打消犯罪嫌疑人家属业已形成的不信任。

2. 应当合理"示强"

与接待被害人或者证人不同，与犯罪嫌疑人家属的接触应当合理"示强"，即在前述对法律的宣讲的基础上，显示检察机关作为司法机关，负责依照刑法、刑事诉讼法的规定打击犯罪的决心和能力。

囿于目前的司法大环境，闹访、不正常访高发，社会上也流传着通过"闹"就可以在案件办理中获得格外优待的错误认识。而作为司法机关，事实上是不可能满足任何人的任何不合理、不合法要求，这就意味着承办人在接待时，不可能迁就犯罪嫌疑人家属，任何不符合法律规定的退让和放任都可能会激发犯罪嫌疑人家属进一步的不合理要求。

承办人在接待时，可以率先通过强调、明确"犯罪嫌疑人"在法律上的概念，强调"犯罪嫌疑人家属"并非刑事诉讼参与人，建立对犯罪嫌疑人家属的地位性优势；继之以强调本案已经过批捕部门审查批准逮捕，同时强调"逮捕"实际意义，使犯罪嫌疑人家属认识到案件存在错误的可能性微乎其微；接下来还可以将性侵害案件的"重罪"属性进行宣讲，使家属认识到检察机关对该案件的重视等。

3. 注意保密

刑事诉讼法明确规定，性侵害案件因为涉及个人隐私，因此属于不公开审理案件，而犯罪嫌疑人家属是没有任何权利从检察机关处了解和探听案情的。

上述原则决定了在整个对犯罪嫌疑人家属的接待过程中，承办人不能透露任何案情。犯罪嫌疑人家属能够了解的应仅限于案件的办理进展、案件所处的阶段。并特别注意不能涉及案件中被害人的相关情况和信息，以免被害人的权益受到侵害。

值得一提的是，在与检察机关会见之前，犯罪嫌疑人家属往往会通过辩护人等渠道对案件有一定的了解。所以，在实践过程中，完全与犯罪嫌疑人家属避而不谈案件也是不现实的，这就要求承办人在整个接待过程中注意力高度集中，对犯罪嫌疑人家属进行及时判断辨别。如犯罪嫌疑人家属主动提出一些案件情况，则可以适当地就该部分案情与其进行沟通，但绝不透露与案情有关的证据情况，也绝不能透露检察机关对案情的判断。

这种保密，还必然包括对案件可能的处理结果的保密，即坚决不能把检察机关对案件倾向性的处理结果提前透露给犯罪嫌疑人家属，特别是当案件可能作出不起诉处理时。因为这样会使犯罪嫌疑人家属形成提前的心理预判，而如果最后的处理结果与之前犯罪嫌疑人家属的心理预判不符时，无疑会直接地激化矛盾。

4. 严格履行各项刑事诉讼程序

办理犯罪嫌疑人家属来访的性侵害案件时，应特别注意对刑事诉讼程序的遵守。因为犯罪嫌疑人家属在实体上提出的认定犯罪嫌疑人无罪、罪轻等方面的要求往往根本无法得到满足。此时，其就会转而纠缠于各项程序规定，如是否及时告权、案件审理期限是否合法等，这就对我们的公诉工作提出了更高的要求，打铁自身硬，不能授人以口实。

5. 注意疏导犯罪嫌疑人家属的情绪，同时防止录音

此处与接待被害人的原则是一致的，参见前节，不再赘述。

四、审查当事人和解协议/谅解书

我国《刑事诉讼法》第五编第二章对于当事人和解有明确的规定，部分性侵害案件符合该章节的规定，可以进行当事人和解。另有部分案件虽然不符合当事人和解的条件，但是犯罪嫌疑人本人及其家属为了减轻罪责，争取从宽处理，也存在向被害人进行赔偿以争取被害人谅解的情况。审查此类案件，应特别注意如下情况：

1. 性侵害案件中，双方当事人矛盾一般较为尖锐，相对于其他类型的案件而言，往往较难达成和解。因此，对达成的和解协议或谅解书，务必要向被害人核实是否为其真实意思表示，在达成和解过程中，犯罪嫌疑人方有无威胁、欺骗、引诱等违法行为的存在。应尽量促成对被害人的当面询问，在做好思想工作的前提下，核实上述和解协议或谅解书的真实性。

例如，张某某强奸案。本案中，犯罪嫌疑人张某某与被害人黄某某经共同相识的吴某介绍认识后相约在酒吧喝酒。黄某某与吴某先回吴某住处，后张某某也回到吴某住处，后趁黄某某酒后熟睡不知反抗将其强奸。案件移送审查起诉后，犯罪嫌疑人张某某的律师向检察机关提交了一份谅解书，其内容为"黄某某与张某某系男女朋友关系，因张某某酒后乱性给黄某某造成伤害，一次赔偿人民币 5 万元，黄某某不再追究张某某责任"。承办人向黄某某核实此谅解书的真实性时，黄某某称谅解书系张某某之父等人以"有关系能摆平此事"、"想不想在北京待着"等威胁其所签，5 万元人民币也是强行塞给其的。随后黄某某专门来到检察机关，想将 5 万元"赔偿款"交由检察机关保管以表明自己不愿谅解的真实想法。鉴于此，检察机关对本案中犯罪嫌疑人方提交的谅解书不予认可。

2. 应详细地向和解的双方进行法律宣讲，明确双方和解是对犯罪嫌疑人从轻处理的前提，但并不意味着检察机关必然会对犯罪嫌疑人作出从轻的处理。

和解案件经常出现的情况是，双方误认为既然已经达成了和解，被害人也表示不再追究犯罪嫌疑人的责任，那么公诉机关就不应该再继续追究了。这种错误认识的存在，实践中曾经导致犯罪嫌疑人家属拿着和解协议或谅解书直接找公诉机关要求放人的情况出现。此时，相应的法律宣讲就是必须的，公诉人应当详细介绍和解的法律依据以及法律后果，同时解释检察机关认定案件是否应当提起公诉的程序及实体规定，以期得到双方的理解与配合。

五、及时进行羁押必要性审查

《人民检察院刑事诉讼规则》第十三章第六节规定了检察机关对羁押必要性的监督应贯穿于整个审查起诉过程中。而性侵害类案件，由于其案件的特殊性，羁押必要性的审查更应放在突出的位置。

性侵害案件中需要查明的最关键情节之一就是被害人的主观心态，即案件的发生是否违背妇女的意志。反过来，如果一件性侵害案件中被害人坚决指控犯罪嫌疑人，那么有极大的可能性犯罪嫌疑人会被审前羁押。性侵害案件较为依靠被害人陈述这一情况，在整个社会上也存在普遍的认同，即俗称的"奸出妇人口"。同时，也不排除部分女性利用这种特殊性，来实现自己的其他目的。如有的性侵害案件中，双方当事人有利益往来，被害方在未达到预期目的时，便以报警称被性侵害，要求启动刑事程序来向另一方施加压力。

这就要求承办人在审查过程中，高度负责，发现案件明显达不到起诉标准时，应及时启动羁押必要性审查，维护犯罪嫌疑人的合法权益。

例如，王某某涉嫌强奸案。本案中，犯罪嫌疑人王某某与被害人赵某相识，2013 年 5 月初某天晚上，二人在王某某车上发生性关系，一个月后，赵某发现自己怀孕，以为是其与王某某的孩子便联系王某某商量打胎之事，赵某丈夫无意间看到妇产医院体检单后向其询问，赵某便称被王某某强奸，夫妻二人遂报警。后经鉴定，赵某所怀胎儿为其与丈夫所有。王某某到案后坚称无罪，鉴于本案中直接证明王某某犯强奸罪的证据只有被害人赵某陈述，且本案赵某报案的时机系其丈夫发现其怀孕后，不能排除其他可能性，故在第二次退回补充侦查前，检察机关启动羁押必要性审查程序，对王某某依法变更强制措施为取保候审，后经检察委员会讨论决定，对王某某依法作出不起诉决定。

六、被害人出庭

虽然《刑事诉讼法》及相关司法解释中并没有明确规定被害人出庭的相关程序，但是从最高人民法院《关于执行〈中华人民共和国刑事诉讼法〉若干问题的解释》以及《人民检察院刑事诉讼规则（试行）》有关规定来看，被害人陈述与证人证言的举质证的程序和规则是基本一致的，在日常司法实践中，也没有做出实质的区分。相应地，由于性侵害案件中被害人陈述的重要性，此类案件中被害人出庭作证的情况较为常见，被害人本人出于惩治犯罪、当面斥责等原因，也比一般的证人更愿意出席法庭。

被害人出庭，有利于法庭建立内心确信，查明案件事实。但对于公诉方来说，也存在着一定的风险和挑战。因此，在性侵害案件中要求被害人出庭时，应做好以下几点工作：

1. 庭审前与被害人进行当面交流

一般来说，被害人并无在法庭上接受控辩双方及法官询问的经历，且再次面对被告人也需承担相当大的心理压力。为确保庭审效果，承办人在庭审前应与被害人进行面对面的交流，并进行下述工作：第一，向被害人介绍庭审程序，使其知悉庭审流程和其在法庭上的权利义务；第二，心理疏导，缓解被害人内心的紧张、焦虑情绪，帮助其打消顾虑，公诉人也可以告诉被害人，法庭上正常的、真实的感情流露能够加强法官特别是人民陪审员的内心确信，但过分渲染则很可能适得其反；第三，向其核实案情，重点就辩方可能向其重点攻击的内容向被害人进行核实，让其对当庭可能面对的辩方发问有心理准备，对于与其在侦查机关陈述有差异的部分，应要求被害人进行合理解释，但承办人不能告知被害人在法庭上如何作答。

2. 做好详细的询问提纲

由于被害人在法庭上将面临交叉询问，而辩方的询问思路事先是不可能透露给被害人的，这就要求控方对辩方的思路进行预测，并通过辩方的询问提纲帮助被害人打好基础。

询问提纲的设计可把握以下原则：第一，全面，要综合被害人在侦查机关的陈述、庭审前向被害人核实案情的情况、被告人的供述与辩解、在案的其他证据，准备详细的询问提纲。第二，重点突出，设计询问提纲的内容时，重点可放在指控犯罪的关键事实、辩方辩解的主要立足点、案件中证据之间可能存在的矛盾之处，即询问提纲要做到既集中火力指控犯罪，又未雨绸缪防漏堵缺。

3. 庭审过程中需要注意的细节

首先是语气语调。与当庭讯问被告人或询问其他证人不同，公诉人在询问性侵害被害人时，公诉人应注意调整语气和声调，尽量平缓，并使用贴近生活用语的形式发问，以帮助被害人适应法庭环境，缓解可能出现的紧张情绪。当被害人出现紧张情绪时，可以直接使用"被害人，请不用紧张，法庭开庭是为了查明案件事实，伸张正义，你直接向法庭陈述事实就可以了"等语言与被害人进行沟通交流。

其次是提问的方式。公诉方在问题设计上尽量选择封闭性的问题，通过几个简单的问题，让被害人容易理解和回答，从而缓解其情绪。

最后，公诉人可以尽量详细地询问被害人，这样，在辩方询问阶段，一旦辩方就同一情节再次发问，公诉人就可以以该问题已经问过为由，提请法庭制止辩方的发问，从而有效地避免辩方可能的对被害人的误导性询问。而对于被害人没有表述清楚的地方，公诉人可以直接询问，在当庭证言与庭前陈述不一致的地方，以哪次证言为准，以便让被害人当庭确认其庭前陈述的真实性。

4. 应注意保护被害人，维护被害人的合法权益

性侵害案件涉及被害人的隐私与尊严，因此，性侵害被害人在庭审中更可能出现情绪化反应，从而影响庭审的进行。当局者迷、旁观者清，在法庭上，只有公诉方能够从旁对被害人提供帮助。因此，在庭审上保护被害人，就成了公诉方的责任。一旦发现辩方的诱导式发问、尖锐式提问可能导致被害人情绪失控，并使其遭受心理上的第二次伤害时，公诉人应当及时行使当庭反对的权力，提请法庭对于辩方的上述行为予以制止。

第二节　性侵害犯罪案件公诉部门对侦诉工作的建议

通过对近三年性侵害上会案件的梳理，不难看出，此类案件中疑难复杂问题的出现，主要还是源于案件关键证据缺失导致对案件认定造成很大影响，这种现象一方面和性侵害案件的隐秘特性有关，更多时候也是囿于侦检两机关的工作态度和工作机制。针对如何在侦查机关中建立有效的工作机制和提高检察工作有效性，我们提出如下对策和建议：

一、将强奸案件的侦查工作统一交由刑侦支队负责

强奸案件作为群众关切、危害严重、影响恶劣的案件类型，属于我国刑法规定中的重罪名，在证据的提取和证据链条的形成上存在一系列特殊的问题与要求，加之强奸犯罪具有的隐秘性强、取证工作复杂等特点，需要由经验丰富、业务素质强的专门人员负责强奸罪的侦查工作。但实践中大多数强奸案件由派出所承担主要侦查工作，难以适应案件侦查的要求。我们认为应当考虑改变由基层派出所侦办案件的工作流程，统一将强奸案件的侦破工作交由刑侦队负责。这样便于积累和总结案件办理经验；可以直接调动刑侦技术队进行现场勘验、人体检查等工作；可以集中技术力量调取监控录像、通讯记录等电子证据，最终直接保障案件侦查质量、有效支持公诉工作。

二、注重对证据的收集和调取工作

通过对前述部分典型案例分析，我们认为在强奸案件的侦查工作中应着重

注意以下证据的调取工作：

1. 犯罪嫌疑人口供

强奸案件的言词证据往往是"一对一"，经常出现犯罪嫌疑人开始认罪，后来翻供的情况。因此，对其讯问情况进行全程录音录像是解决其翻供问题的一个有效方法。应当注意的是，该录像应当能够完整显示双人提讯、犯罪嫌疑人翻看笔录后签字的全过程。

2. 被害人陈述

针对强奸案件中被害人不愿配合调查的特点，在侦查初期应全面、客观、详细地收集被害人对整个案件的陈述，并应对询问被害人过程全程录像留存。

3. 人体检查

针对强奸案件大多存在暴力行为的特点，应及时对所有案件的犯罪嫌疑人进行身体检查，并在被害人允许的情况下对被害人进行身体检查，制作严格的身体检查笔录。

4. 现场勘验

针对强奸案件物证较多且往往都为案件核心证据的特点，应针对所有案件进行现场勘验，提取当事双方衣物、体液痕迹、指纹痕迹、作案工具等物证。

5. 电子证据

针对发生在酒店等有监控场所的强奸案件，应及时提取全部监控录像；针对当事双方存在事前、事后通信联系的强奸案件，应及时调取通话记录、短信记录、网络聊天记录等证据，必要时应对手机、电脑等通讯工具进行扣押。

三、检察机关的提前介入

检察机关的提前介入主要分为类案指导和个案参与，其中公诉和侦监部门在这两部分工作中都有各自优势，可以对侦查机关调取证据工作进行指导和监督。

1. 有针对性地进行类案指导

对于公安机关中存在的侦查人员案多人少，侦查素质良莠不齐，部分侦查员在制作讯问笔录、现场勘验固定证据、扣押物证程序等方面，出现的一系列不规范做法，应当进行有针对性的指导。具体方法可以采用开展联席会议、类案检察建议或纠正违法等，针对公安机关在调取犯罪嫌疑人供述与辩解等言词证据、开展人体检查和现场勘验、收集固定电子证据等方面经常出现的问题，使用案例分析的方法进行类案指导。尤其在目前越来越强调证据合法性的司法改革背景下，就不同类型证据标准问题为侦查机关的工作制定相应的证据提取标准和具体工作要求，使侦查案件、收集证据有章可循是极为必要的。

2. 特殊案件个案参与

对于在侦查初期暴露出的疑难复杂性侵害案件，应当发挥检察人员提前介入的优势，从侦查初期就有针对性地介入个案侦查。这种介入既可以是基于公安机关的主动邀请，也可以是检察机关侦监、公诉部门的主动介入。尤其应当抓住侦监部门不批捕或附条件逮捕案件的审查时机，做到检察机关内部间的疑案早通报、问题早处理、个案早参与，由公诉部门指派专人联合侦监部门与公安机关开展联席会议，就个案进行沟通协调，使侦查机关更准确地把握侦查取证的方向，明确控诉犯罪的证据标准，使侦查活动更接近庭审的要求，取证更具有针对性和指向性，从而达到引导侦查取证的目的。

四、公诉部门坚持"四要"

1. 要专人办理

性侵害案件是目前海淀区发生的侵害公民人身权利刑事案件中案发比例较高的一类案件，这一类案件不仅严重侵害女性身心健康、破坏社会稳定，同时案件本身还具有案发环境封闭、第三方证据缺乏等固有特点，很多案件在办理过程中涉及罪与非罪的认定、此罪与彼罪的判别、证据采信标准的权衡、当事人来访接待、涉检信访处理等问题。正是由于上述性侵害案件所具有的特殊性问题，应当在分案过程中做到科学分案、专人办理，尤其对于犯罪嫌疑人拒不认罪、案件证据淡薄的一些疑难复杂案件，应当由具有一定工作经验、擅长类案处理的人员负责。

2. 要优先审查

针对性侵害案件中，被害人在案件侦查和审查起诉阶段逐渐不愿配合调查、大量电子证据保存时效短等问题，为了克服证据湮灭情况的发生，应当对疑难复杂的性侵害案件进行优先审查。尤其注意以下几点：一是注意梳理犯罪嫌疑人和被害人就案件事实争议的矛盾焦点。例如，对发生在特殊关系人之间或特殊场所的强奸案件，案发双方在发生性关系问题上不持异议，而仅对是否属于强奸或是双方合意发生性关系存在不同描述。二是及时梳理公安机关尚未侦查调取的证据种类。例如当事双方通话记录、短信记录、案发地点监控录像、现场勘验、检查工作等公安机关可能遗漏的证据类型。三是注重提讯环节听取犯罪嫌疑人的辩解和所反映问题。强奸案件中犯罪嫌疑人往往在案情描述、被害人意志等方面具有很强的主观性，应当抓住提讯环节固定犯罪嫌疑人对是否使用暴力、是否采取特殊手段、是否违背被害人意志等问题的辩解，才能进一步有针对性地开展工作。

3. 要及时沟通

目前负责侦查性侵害案件的公安机关内部部门众多，往往一个案件会涉及派出所、刑侦支队、法医鉴定、预审队和法制处等多个部门，仅仅对预审卷宗进行纸面审查往往难以全面了解案件侦查阶段所面临的问题和困难，对证据的把握和采信也会局限于个人经验及阅历。因此，在审查办理疑难性侵害案件的过程中，应当及时加强和侦查机关的沟通和协商，了解案件侦查过程中出现的特殊问题，利用初次审查后、一次退补前的时间联系公安机关及时调取涉案证据、查找关键证人，做到侦查检察两机关的有效联动。

4. 要主动取证

司法实践中侦查工作不细致、程序工作不规范的情况时有发生，有的案件侦查工作囿于公安机关办案人员的侦查经验和业务水平，办案质量较差。对于一些被害人意见较大、案发地点特殊、案件处理涉及罪与非罪的性侵害案件，承办人员应当发挥主观能动性，积极联系被害人、前往案发现场、寻访证人，调取涉案关键证据，而不能将案件侦查、证据收集工作全部交由公安机关或者寄希望于退回补充侦查。

附录 2：办理性侵害犯罪案件
相关法律规范汇编

一、强奸罪

1. 《中华人民共和国刑法》

第二百三十六条　以暴力、胁迫或者其他手段强奸妇女的，处三年以上十年以下有期徒刑。

奸淫不满十四周岁的幼女的，以强奸论，从重处罚。

强奸妇女、奸淫幼女，有下列情形之一的，处十年以上有期徒刑、无期徒刑或者死刑：

（一）强奸妇女、奸淫幼女情节恶劣的；

（二）强奸妇女、奸淫幼女多人的；

（三）在公共场所当众强奸妇女的；

（四）二人以上轮奸的；

（五）致使被害人重伤、死亡或者造成其他严重后果的。

2. 最高人民法院、最高人民检察院《关于办理组织和利用邪教组织犯罪案件具体应用法律若干问题的解释》

第五条　组织和利用邪教组织，以迷信邪说引诱、胁迫、欺骗或者其他手段，奸淫妇女、幼女的，依照刑法第二百三十六条的规定，以强奸罪或者奸淫幼女罪定罪处罚。

3. 最高人民法院《关于审理未成年人刑事案件具体应用法律若干问题的解释》

第六条　已满十四周岁不满十六周岁的人偶尔与幼女发生性行为，情节轻微、未造成严重后果的，不认为是犯罪。

4. 最高人民法院《关于对拐卖、绑架妇女（幼女）过程中又奸淫被害人的行为应当如何定罪问题的批复》

四川省高级人民法院、河南省高级人民法院：

关于对被告人在拐卖、绑架妇女（幼女）过程中又奸淫被拐卖、绑架妇女（幼女）的行为应如何定罪问题的请示收悉。经研究，答复如下：

对被告人在拐卖妇女（幼女）过程中，奸淫被拐卖的妇女（幼女）的，应当依照《全国人民代表大会常务委员会关于严惩拐卖、绑架妇女、儿童的犯罪分子的决定》第一条第一款第（三）项的规定定罪处罚。在绑架妇女（幼女）过程中，奸淫被绑架妇女（幼女）的，应当分别以绑架妇女罪、绑架儿童罪或者绑架勒索罪从重处罚。

1994 年 4 月 8 日

5. 最高人民法院研究室《关于容留不满 14 岁的幼女卖淫应如何定罪处罚问题的电话答复》

四川省高级人民法院：

你院《对容留不满 14 岁的幼女卖淫的应如何定罪处罚的请示》收悉。经研究，答复如下：

基本同意你院的倾向性意见，即对容留不满 14 岁的幼女卖淫的犯罪分子，未实施引诱幼女卖淫的行为，也未与引诱幼女卖淫的犯罪分子事前通谋的，应当依照《关于严禁卖淫嫖娼的决定》第三条第一款的规定，以容留他人卖淫罪定罪处罚。至于是否属于容留他人卖淫罪的情节严重，应根据案件的具体情节，全面考虑后才能认定。

1992 年 2 月 22 日

6.《人民法院量刑指导意见（试行）》

强奸罪

1. 构成强奸罪的，可以根据下列不同情形在相应的幅度内确定量刑起点：

（1）强奸妇女、奸淫幼女一人一次的，可以在三年至五年有期徒刑幅度内确定量刑起点。

（2）有下列情形之一的，可以在十年至十二年有期徒刑幅度内确定量刑起点：强奸妇女、奸淫幼女情节恶劣的；强奸妇女、奸淫幼女三人的；在公共场所当众强奸妇女的；二人以上轮奸妇女的；强奸致被害人重伤或者造成其他严重后果的。依法应当判处无期徒刑以上刑罚的除外。

2. 在量刑起点的基础上，可以根据强奸人数、次数、致人伤亡后果等其他影响犯罪构成的犯罪事实增加刑罚量，确定基准刑。

7. 最高人民法院研究室《关于同一被害人在同一晚上分别被多个互不通谋的人在不同地点强奸可否并案审理问题的电话答复》

广东省高级人民法院：

你院请示：一被害人在同一个晚上分别被 3 个互不通谋的犯罪分子在不同

地点和时间实施了强奸。公安机关同时侦破，检察院以一个案件起诉，法院是作一案审理还是分案审理？

经研究，我们认为，根据上述情况，这 3 个被告人的行为不属于共同犯罪，而是各个被告人分别实施的各自独立的犯罪，因此，应分案审理，不宜并案审理。

1990 年 5 月 26 日

8. 最高人民法院、最高人民检察院《关于审理强奸案件应慎重处理被害人出庭问题的通知》

各省、市、自治区高级人民法院、人民检察院，军事法院、军事检察院，铁路运输高级法院、全国铁路运输检察院：

在人民法院开庭审理强奸妇女和奸淫幼女案件的过程中，为了切实做到既要保证被害人依法行使诉讼权利和履行作证义务，又要注意防止被害人的名誉和其他人身权利继续遭受侵害，特对此类案件被害人出庭的问题，作如下通知：

一、人民法院开庭审理强奸妇女和奸淫幼女案件时，对于被害人依照刑事诉讼法的规定，愿意出庭向被告人发问、陈述作证和发言辩论的，可以通知被害人到庭；对于被害人不愿出庭的，可不通知其到庭。被害人是否愿意出庭行使诉讼权利和履行作证义务，人民法院应当在开庭前征求被害人的意见，并将被害人的意见告知提起公诉的人民检察院。

二、对强奸妇女和奸淫幼女案件，如果需要以被害人的陈述作为定案证据的，人民检察院在审查起诉时和人民法院在开庭审理前，都应当查证属实。在被害人不愿出庭的情况下，人民法院开庭审理时，可依照刑事诉讼法第一百一十六条的规定，当庭宣读被害人的证言笔录或亲笔证词。对于被害人与被告人素不相识的，在当庭宣读被害人的证言笔录或亲笔证词时，应参照刑事诉讼法第六十条的规定，不公开被害人的姓名。如果合议庭认为案件证据不充分，或者发现新的事实，需要进一步向被害人查证的，可以依照刑事诉讼法第一百二十三条的规定办理，也不要通知被害人到庭作证。

三、强奸妇女和奸淫幼女，属于个人隐私的案件。依照刑事诉讼法第一百一十一条的规定，人民法院对这类案件实行不公开审理。开庭时，除本案的审判人员、书记员、公诉人、律师、值庭人员、司法警察和其他诉讼参与人在场外，不允许其他任何人进入法庭。把个人隐私案件的审理，在实际上搞成"内部公开审理"的做法，是违反刑事诉讼法的规定的，应予纠正。参加开庭审理个人隐私案件的有关人员也不应对外传播审理的情况。

以上通知，希各级人民法院、人民检察院和专门人民法院，专门人民检察院遵照执行。

1982 年 11 月 1 日

二、强制猥亵、侮辱妇女罪；猥亵儿童罪

《中华人民共和国刑法》

第二百三十七条　以暴力、胁迫或者其他方法强制猥亵妇女或者侮辱妇女的，处五年以下有期徒刑或者拘役。

聚众或者在公共场所当众犯前款罪的，处五年以上有期徒刑。

猥亵儿童的，依照前两款的规定从重处罚。

三、组织卖淫罪；强迫卖淫；协助组织卖淫罪

1. 《中华人民共和国刑法》

第三百五十八条　组织他人卖淫或者强迫他人卖淫的，处五年以上十年以下有期徒刑，并处罚金；有下列情形之一的，处十年以上有期徒刑或者无期徒刑，并处罚金或者没收财产：

（一）组织他人卖淫，情节严重的；

（二）强迫不满十四周岁的幼女卖淫的；

（三）强迫多人卖淫或者多次强迫他人卖淫的；

（四）强奸后迫使卖淫的；

（五）造成被强迫卖淫的人重伤、死亡或者其他严重后果的。

有前款所列情形之一，情节特别严重的，处无期徒刑或者死刑，并处没收财产。

为组织卖淫的人招募、运送人员或者有其他协助组织他人卖淫行为的，处五年以下有期徒刑，并处罚金；情节严重的，处五年以上十年以下有期徒刑，并处罚金。

2. 最高人民检察院、公安部《关于公安机关管辖的刑事案件立案追诉标准的规定（一）》

第七十五条　[组织卖淫案（刑法第三百五十八条第一款）]　以招募、雇佣、强迫、引诱、容留等手段，组织他人卖淫的，应予立案追诉。

第七十六条　[强迫卖淫案（刑法第三百五十八条第一款）]　以暴力、胁迫等手段强迫他人卖淫的，应予立案追诉。

第七十七条　[协助组织卖淫案（刑法第三百五十八条第三款）]　在组织卖淫的犯罪活动中，充当保镖、打手、管账人等，起帮助作用的，应予立案

追诉。

四、引诱、容留、介绍卖淫罪；引诱幼女卖淫罪

《中华人民共和国刑法》

第三百五十九条　引诱、容留、介绍他人卖淫的，处五年以下有期徒刑、拘役或者管制，并处罚金；情节严重的，处五年以上有期徒刑，并处罚金。

引诱不满十四周岁的幼女卖淫的，处五年以上有期徒刑，并处罚金。

五、传播性病罪；嫖宿幼女罪

1. 《中华人民共和国刑法》

第三百六十条　明知自己患有梅毒、淋病等严重性病卖淫、嫖娼的，处五年以下有期徒刑、拘役或者管制，并处罚金。

嫖宿不满十四周岁的幼女的，处五年以上有期徒刑，并处罚金。

2. 最高人民检察院、公安部《关于公安机关管辖的刑事案件立案追诉标准的规定（一）》

第八十条［传播性病案（刑法第三百六十条第一款）］明知自己患有梅毒、淋病等严重性病卖淫、嫖娼的，应予立案追诉。

具有下列情形之一的，可以认定为本条规定的"明知"：

（一）有证据证明曾到医疗机构就医，被诊断为患有严重性病的；

（二）根据本人的知识和经验，能够知道自己患有严重性病的；

（三）通过其他方法能够证明是"明知"的。

第八十一条［嫖宿幼女案（刑法第三百六十条第二款）］行为人知道被害人是或者可能是不满十四周岁的幼女而嫖宿的，应予立案追诉。

3. 最高人民检察院《关于构成嫖宿幼女罪主观上是否需要具备明知要件的解释》

行为人知道被害人是或者可能是不满十四周岁幼女而嫖宿的，适用刑法第三百六十条第二款的规定，以嫖宿幼女罪追究刑事责任。

六、最高人民法院、最高人民检察院、公安部、司法部《关于依法惩治性侵害未成年人犯罪的意见》

为依法惩治性侵害未成年人犯罪，保护未成年人合法权益，根据刑法、刑事诉讼法和未成年人保护法等法律和司法解释的规定，结合司法实践经验，制定本意见。

一、基本要求

1. 本意见所称性侵害未成年人犯罪，包括刑法第二百三十六条、第二百三十七条、第三百五十八条、第三百五十九条、第三百六十条第二款规定的针对未成年人实施的强奸罪，强制猥亵、侮辱妇女罪，猥亵儿童罪，组织卖淫罪，强迫卖淫罪，引诱、容留、介绍卖淫罪，引诱幼女卖淫罪，嫖宿幼女罪等。

2. 对于性侵害未成年人犯罪，应当依法从严惩治。

3. 办理性侵害未成年人犯罪案件，应当充分考虑未成年被害人身心发育尚未成熟、易受伤害等特点，贯彻特殊、优先保护原则，切实保障未成年人的合法权益。

4. 对于未成年人实施性侵害未成年人犯罪的，应当坚持双向保护原则，在依法保护未成年被害人的合法权益时，也要依法保护未成年犯罪嫌疑人、未成年被告人的合法权益。

5. 办理性侵害未成年人犯罪案件，对于涉及未成年被害人、未成年犯罪嫌疑人和未成年被告人的身份信息及可能推断出其身份信息的资料和涉及性侵害的细节等内容，审判人员、检察人员、侦查人员、律师及其他诉讼参与人应当予以保密。

对外公开的诉讼文书，不得披露未成年被害人的身份信息及可能推断出其身份信息的其他资料，对性侵害的事实注意以适当的方式叙述。

6. 性侵害未成年人犯罪案件，应当由熟悉未成年人身心特点的审判人员、检察人员、侦查人员办理，未成年被害人系女性的，应当有女性工作人员参与。

人民法院、人民检察院、公安机关设有办理未成年人刑事案件专门工作机构或者专门工作小组的，可以优先由专门工作机构或者专门工作小组办理性侵害未成年人犯罪案件。

7. 各级人民法院、人民检察院、公安机关和司法行政机关应当加强与民政、教育、妇联、共青团等部门及未成年人保护组织的联系和协作，共同做好性侵害未成年人犯罪预防和未成年被害人的心理安抚、疏导工作，从有利于未成年人身心健康的角度，对其给予必要的帮助。

8. 上级人民法院、人民检察院、公安机关和司法行政机关应当加强对下指导和业务培训。各级人民法院、人民检察院、公安机关和司法行政机关要增强对未成年人予以特殊、优先保护的司法理念，完善工作机制，提高办案能力和水平。

二、办案程序要求

9. 对未成年人负有监护、教育、训练、救助、看护、医疗等特殊职责的人员（以下简称负有特殊职责的人员）以及其他公民和单位，发现未成年人受到性侵害的，有权利也有义务向公安机关、人民检察院、人民法院报案或者举报。

10. 公安机关接到未成年人被性侵害的报案、控告、举报，应当及时受理，迅速进行审查。经审查，符合立案条件的，应当立即立案侦查。

公安机关发现可能有未成年人被性侵害或者接报相关线索的，无论案件是否属于本单位管辖，都应当及时采取制止违法犯罪行为、保护被害人、保护现场等紧急措施，必要时，应当通报有关部门对被害人予以临时安置、救助。

11. 人民检察院认为公安机关应当立案侦查而不立案侦查的，或者被害人及其法定代理人、对未成年人负有特殊职责的人员据此向人民检察院提出异议的，人民检察院应当要求公安机关说明不立案的理由。人民检察院认为不立案理由不成立的，应当通知公安机关立案，公安机关接到通知后应当立案。

12. 公安机关侦查未成年人被性侵害案件，应当依照法定程序，及时、全面收集固定证据。及时对性侵害犯罪现场进行勘查，对未成年被害人、犯罪嫌疑人进行人身检查，提取体液、毛发、被害人和犯罪嫌疑人指甲内的残留物等生物样本，指纹、足迹、鞋印等痕迹，衣物、纽扣等物品；及时提取住宿登记表等书证，现场监控录像等视听资料；及时收集被害人陈述、证人证言和犯罪嫌疑人供述等证据。

13. 办案人员到未成年被害人及其亲属、未成年证人所在学校、单位、居住地调查取证的，应当避免驾驶警车、穿着制服或者采取其他可能暴露被害人身份、影响被害人名誉、隐私的方式。

14. 询问未成年被害人，审判人员、检察人员、侦查人员和律师应当坚持不伤害原则，选择未成年人住所或者其他让未成年人心理上感到安全的场所进行，并通知其法定代理人到场。无法通知、法定代理人不能到场或者法定代理人是性侵害犯罪嫌疑人、被告人的，也可以通知未成年被害人的其他成年亲属或者所在学校、居住地基层组织、未成年人保护组织的代表等有关人员到场，并将相关情况记录在案。

询问未成年被害人，应当考虑其身心特点，采取和缓的方式进行。对与性侵害犯罪有关的事实应当进行全面询问，以一次询问为原则，尽可能避免反复询问。

15. 人民法院、人民检察院办理性侵害未成年人案件，应当及时告知未成年被害人及其法定代理人或者近亲属有权委托诉讼代理人，并告知其如果经济困难，可以向法律援助机构申请法律援助。对需要申请法律援助的，应当帮助其申请法律援助。法律援助机构应当及时指派熟悉未成年人身心特点的律师为其提供法律帮助。

16. 人民法院、人民检察院、公安机关办理性侵害未成年人犯罪案件，除有碍案件办理的情形外，应当将案件进展情况、案件处理结果及时告知被害人及其法定代理人，并对有关情况予以说明。

17. 人民法院确定性侵害未成年人犯罪案件开庭日期后，应当将开庭的时间、地点通知未成年被害人及其法定代理人。未成年被害人的法定代理人可以陪同或者代表未成年被害人参加法庭审理，陈述意见，法定代理人是性侵害犯罪被告人的除外。

18. 人民法院开庭审理性侵害未成年人犯罪案件，未成年被害人、证人确有必要出庭的，应当根据案件情况采取不暴露外貌、真实声音等保护措施。有条件的，可以采取视频等方式播放未成年人的陈述、证言，播放视频亦应采取保护措施。

三、准确适用法律

19. 知道或者应当知道对方是不满十四周岁的幼女，而实施奸淫等性侵害行为的，应当认定行为人"明知"对方是幼女。对于不满十二周岁的被害人实施奸淫等性侵害行为的，应当认定行为人"明知"对方是幼女。

对于已满十二周岁不满十四周岁的被害人，从其身体发育状况、言谈举止、衣着特征、生活作息规律等观察可能是幼女，而实施奸淫等性侵害行为的，应当认定行为人"明知"对方是幼女。

20. 以金钱财物等方式引诱幼女与自己发生性关系的；知道或者应当知道幼女被他人强迫卖淫而仍与其发生性关系的，均以强奸罪论处。

21. 对幼女负有特殊职责的人员与幼女发生性关系的，以强奸罪论处。对已满十四周岁的未成年女性负有特殊职责的人员，利用其优势地位或者被害人孤立无援的境地，迫使未成年被害人就范，而与其发生性关系的，以强奸罪定罪处罚。

22. 实施猥亵儿童犯罪，造成儿童轻伤以上后果，同时符合刑法第二百三十四条或者第二百三十二条的规定，构成故意伤害罪、故意杀人罪的，依照处罚较重的规定定罪处罚。

对已满十四周岁的未成年男性实施猥亵，造成被害人轻伤以上后果，符合刑法第二百三十四条或者第二百三十二条规定的，以故意伤害罪或者故意杀人罪定罪处罚。

23. 在校园、游泳馆、儿童游乐场等公共场所对未成年人实施强奸、猥亵犯罪，只要有其他多人在场，不论在场人员是否实际看到，均可以依照刑法第二百三十六条第三款、第二百三十七条的规定，认定为在公共场所"当众"强奸妇女，强制猥亵、侮辱妇女，猥亵儿童。

24. 介绍、帮助他人奸淫幼女、猥亵儿童的，以强奸罪、猥亵儿童罪的共犯论处。

25. 针对未成年人实施强奸、猥亵犯罪的，应当从重处罚，具有下列情形之一的，更要依法从严惩处：

（1）对未成年人负有特殊职责的人员、与未成年人有共同家庭生活关系的人员、国家工作人员或者冒充国家工作人员，实施强奸、猥亵犯罪的；

（2）进入未成年人住所、学生集体宿舍实施强奸、猥亵犯罪的；

（3）采取暴力、胁迫、麻醉等强制手段实施奸淫幼女、猥亵儿童犯罪的；

（4）对不满十二周岁的儿童、农村留守儿童、严重残疾或者精神智力发育迟滞的未成年人，实施强奸、猥亵犯罪的；

（5）猥亵多名未成年人，或者多次实施强奸、猥亵犯罪的；

（6）造成未成年被害人轻伤、怀孕、感染性病等后果的；

（7）有强奸、猥亵犯罪前科劣迹的。

26. 组织、强迫、引诱、容留、介绍未成年人卖淫构成犯罪的，应当从重处罚。强迫幼女卖淫、引诱幼女卖淫的，应当分别按照刑法第三百五十八条第一款第（二）项、第三百五十九条第二款的规定定罪处罚。

对未成年人负有特殊职责的人员、与未成年人有共同家庭生活关系的人员、国家工作人员，实施组织、强迫、引诱、容留、介绍未成年人卖淫等性侵害犯罪的，更要依法从严惩处。

27. 已满十四周岁不满十六周岁的人偶尔与幼女发生性关系，情节轻微、未造成严重后果的，不认为是犯罪。

四、其他事项

28. 对于强奸未成年人的成年犯罪分子判处刑罚时，一般不适用缓刑。

对于性侵害未成年人的犯罪分子确定是否适用缓刑，人民法院、人民检察院可以委托犯罪分子居住地的社区矫正机构，就对其宣告缓刑对所居住社区是否有重大不良影响进行调查。受委托的社区矫正机构应当及时组织调查，在规定的期限内将调查评估意见提交委托机关。

对于判处刑罚同时宣告缓刑的，可以根据犯罪情况，同时宣告禁止令，禁止犯罪分子在缓刑考验期内从事与未成年人有关的工作、活动，禁止其进入中小学校区、幼儿园园区及其他未成年人集中的场所，确因本人就学、居住等原因，经执行机关批准的除外。

29. 外国人在我国领域内实施强奸、猥亵未成年人等犯罪的，应当依法判处，在判处刑罚时，可以独立适用或者附加适用驱逐出境。对于尚不构成犯罪但构成违反治安管理行为的，或者因实施性侵害未成年人犯罪不适宜在中国境内继续停留居留的，公安机关可以依法适用限期出境或者驱逐出境。

30. 对于判决已生效的强奸、猥亵未成年人犯罪案件，人民法院在依法保护被害人隐私的前提下，可以在互联网公布相关裁判文书，未成年人犯罪的除外。

31. 对于未成年人因被性侵害而造成的人身损害，为进行康复治疗所支付的医疗费、护理费、交通费、误工费等合理费用，未成年被害人及其法定代理人、近亲属提出赔偿请求的，人民法院依法予以支持。

32. 未成年人在幼儿园、学校或者其他教育机构学习、生活期间被性侵害而造成人身损害，被害人及其法定代理人、近亲属据此向人民法院起诉要求上述单位承担赔偿责任的，人民法院依法予以支持。

33. 未成年人受到监护人性侵害，其他具有监护资格的人员、民政部门等有关单位和组织向人民法院提出申请，要求撤销监护人资格，另行指定监护人的，人民法院依法予以支持。

34. 对未成年被害人因性侵害犯罪而造成人身损害，不能及时获得有效赔偿，生活困难的，各级人民法院、人民检察院、公安机关可会同有关部门，优先考虑予以司法救助。

附：已废止法律规范整理①

1. 最高人民法院《关于行为人不明知是不满十四周岁的幼女双方自愿发生性关系是否构成强奸罪问题的批复》

辽宁省高级人民法院：

你院《关于行为人不明知是不满十四周岁的幼女而与其自愿发生性关系，是否构成强奸罪问题的请示》收悉。经研究，答复如下：

行为人明知是不满十四周岁的幼女而与其发生性关系，不论幼女是否自愿，均应依照刑法第二百三十六条第二款的规定，以强奸罪定罪处罚；行为人确实不知对方是不满十四周岁的幼女，双方自愿发生性关系，未造成严重后果，情节显著轻微的，不认为是犯罪。

2003 年 1 月 17 日

---

① 此部分对废止法律规范的整理，旨在加强对性侵害案件立法历程和立法者思想的理解与把握，其中很多规定仍然是我们今天司法实践中需要解决的重要问题，需要我们进行有辨别的学习与思考。如《关于当前办理强奸案件中具体应用法律的若干问题的解答》中规定，"有的妇女与人通奸，一旦翻脸，关系恶化，或者事情暴露后，怕丢面子，或者为推卸责任、嫁祸于人等情况，把通奸说成强奸的，不能定为强奸罪"。这种情况在目前的司法实践中仍然大量存在，并且是强奸案中较为疑难复杂的一类。

2. 最高人民法院《关于审理强奸案件有关问题的解释》

为依法惩处强奸犯罪活动，根据刑法的有关规定，现就审理强奸案件的有关问题解释如下：

对于已满 14 周岁不满 16 周岁的人，与幼女发生性关系构成犯罪的，依照刑法第十七条、第二百三十六条第二款的规定，以强奸罪定罪处罚；对于与幼女发生性关系，情节轻微、尚未造成严重后果的，不认为是犯罪。

对于行为人既实施了强奸妇女行为又实施了奸淫幼女行为的，依照刑法第二百三十六条的规定，以强奸罪从重处罚。

2000 年 2 月 16 日

3. 最高人民检察院《关于管教干警强奸女犯案件管辖问题的批复》

河北省人民检察院：

你院冀检监字〔1991〕23 号《关于监管改造场所管教干警强奸女犯受案范围的请示》收悉。经研究，并征得最高人民法院和公安部同意，现答复如下：

根据《刑事诉讼法》第十三条以及最高人民法院、最高人民检察院、公安部（79）法研字第 28 号《关于执行刑事诉讼法规定的案件管辖范围的通知》的规定，管教干警强奸女犯的案件应当由公安机关立案侦查，但有下列情形之一的经上级检察机关决定，对案件有管辖权的检察机关可以直接立案侦查：

1. 公安机关不认为是犯罪，而检察机关认为已构成犯罪，并向公安机关提出应立案侦查的建议，公安机关仍不接受的；

2. 公安机关立案侦查有困难，而主动要求检察机关直接立案侦查的；

3. 上级检察机关及有关部门依法交办的。

1992 年 3 月 2 日

4. 最高人民法院、最高人民检察院、公安部《关于当前办理强奸案件中具体应用法律的若干问题的解答》

《中华人民共和国刑法》第一百三十九条：以暴力、胁迫或者其他手段强奸妇女的，处三年以上十年以下有期徒刑。

奸淫不满十四岁幼女的，以强奸论，从重处罚。

犯前两款罪，情节特别严重的或者致人重伤、死亡的，处十年以上有期徒刑、无期徒刑或者死刑。

二人以上犯强奸罪而共同轮奸的，从重处罚。

一、怎样认定强奸罪？

强奸罪是指以暴力、胁迫或者其他手段，违背妇女的意志，强行与其发生性交的行为。

明知妇女是精神病患者或者痴呆者（程度严重的）而与其发生性行为的，不管犯罪分子采取什么手段，都应以强奸罪论处。与间歇性精神病患者在未发病期间发生性行为，妇女本人同意的，不构成强奸罪。

在认定是否违背妇女意志时，不能以被害妇女作风好坏来划分。强行与作风不好的妇女发生性行为的，也应定强奸罪。

认定强奸罪不能以被害妇女有无反抗表示作为必要条件。对妇女未作反抗表示、或者反抗表示不明显的，要具体分析，精心区别。

二、如何认定强奸罪中的暴力、胁迫和其他手段？

"暴力手段"，是指犯罪分子直接对被害妇女采用殴打、捆绑、卡脖子、按倒等危害人身安全或者人身自由，使妇女不能抗拒的手段。

"胁迫手段"，是指犯罪分子对被害妇女威胁、恫吓，达到精神上的强制的手段。如：扬言行凶报复、揭发隐私、加害亲属等相威胁，利用迷信进行恐吓、欺骗，利用教养关系、从属关系、职权以及孤立无援的环境条件，进行挟制、迫害等，迫使妇女忍辱屈从，不敢抗拒。

有教养关系、从属关系和利用职权与妇女发生性行为的，不能都视为强奸。行为人利用其与被害妇女之间特定的关系，迫使就范，如养（生）父以虐待、克扣生活费迫使养（生）女容忍其奸淫的；或者行为人利用职权，乘人之危，奸淫妇女的，都构成强奸罪。行为人利用职权引诱女方，女方基于互相利用与之发生性行为的，不定为强奸罪。对于一贯利用职权奸淫妇女多人，情节恶劣的，可以流氓罪判处。

"其他手段"，是指犯罪分子用暴力、胁迫以外的手段，使被害妇女无法抗拒。例如：利用妇女患重病、熟睡之机，进行奸淫；以醉酒、药物麻醉，以及利用或者假冒治病等等方法对妇女进行奸淫。

三、办理强奸案件要严格分清哪些罪与非罪、此罪与彼罪的界限？

1. 把强奸同未婚男女在恋爱过程中自愿发生的不正当性行为加以区别。有的未婚男子以"恋爱"为名，玩弄女性，奸淫多名未婚妇女，情节严重，影响恶劣的，可以流氓罪论处。

2. 把强奸同通奸加以区别。要注意的是：

①有的妇女与人通奸，一旦翻脸，关系恶化，或者事情暴露后，怕丢面子，或者为推卸责任、嫁祸于人等情况，把通奸说成强奸的，不能定为强奸罪。

在办案中，对于所谓半推半就的问题，要对双方平时的关系如何，性行为是在什么环境和情况下发生的，事情发生后女方的态度怎样，又在什么情况下告发等等事实和情节，认真审查清楚，作全面的分析，不是确系违背妇女意志的，一般不宜按强奸罪论处。如果确系违背妇女意志的，以强奸罪惩处。

②第一次性行为违背妇女的意志，但事后并未告发，后来女方又多次自愿与该男子发生性行为的，一般不宜以强奸罪论处。

③犯罪分子强奸妇女后，对被害妇女实施精神上的威胁，迫使其继续忍辱屈从的，应以强奸罪论处。

④男女双方先是通奸，后来女方不愿继续通奸，而男方纠缠不休，并以暴力或以败坏名誉等进行胁迫，强行与女方发生性行为的，以强奸罪论处。

3. 把轮奸同男女流氓之间乱搞两性关系加以区别。有的流氓集团在作案时，既有男女流氓之间的乱搞，又挟持女青年进行强奸的，后者应定强奸罪。

4. 把强奸未遂同流氓行为、流氓罪加以区别。

四、在办案中怎样应用刑法第一百三十九条第三款的规定？

从司法实践中看，强奸罪中"情节特别严重"的，一般有下面几种：

1. 强奸妇女、奸淫幼女手段残酷的；

2. 强奸妇女、奸淫幼女多人或者多次的；

3. 轮奸妇女尤其是轮奸幼女的首要分子；

4. 因强奸妇女或者奸淫幼女引起被害人自杀、精神失常以及其他严重后果的；

5. 在公共场所劫持并强奸妇女的；

6. 多次利用淫秽物品、跳黑灯舞等手段引诱女青年，进行强奸，在社会上造成很坏影响，极大危害的。

强奸"致人重伤、死亡"，是指因强奸妇女、奸淫幼女导致被害人性器官严重损伤，或者造成其他严重伤害，甚至当场死亡或者经治疗无效死亡的。

对于强奸犯出于报复、灭口等动机，在实施强奸的过程中，杀死或者伤害被害妇女、幼女的，应分别定为强奸罪、故意杀人罪或者故意伤害罪，按数罪并罚惩处。

五、在办案中怎样应用刑法第一百三十九条第四款的规定？

轮奸是强奸罪中一种严重的犯罪形式，应从重处罚。

轮奸妇女，按第一款的法定刑从重处罚。

轮奸幼女或者轮奸妇女具有第三款规定的情节的，按第三款的法定刑从重处罚。

六、怎样认定奸淫幼女罪？

奸淫幼女罪，是指与不满十四周岁的幼女发生性的行为，其特征是：1. 被害幼女的年龄必须是不满十四周岁；2. 一般地说，不论行为人采用什么手段，也不问幼女是否同意，只要与幼女发生了性的行为，就构成犯罪；
3．只要双方生殖器接触，即应视为奸淫既遂。

对奸淫幼女的，按第一款的法定刑从重处罚；具有第三款规定的情节的，按该款的法定刑从重处罚。

十四岁以上不满十六岁的男少年，同不满十四岁的幼女发生性的行为，情节显著轻微，危害不大的，依照刑法第十条的规定，不认为是奸淫幼女罪，责成家长和学校严加管教。

在办理奸淫幼女案件中出现的特殊问题，要具体分析，并总结经验，求得正确处理。

七、对妇女教唆或帮助男子强奸的如何处罚？

妇女教唆或帮助男子实施强奸犯罪的，是共同犯罪，应当按照她在强奸犯罪活动中所起的作用，分别定为教唆犯或从犯，依照刑法有关条款论处。

1984 年 4 月 26 日

5. 最高人民检察院《关于在办理强奸案件中可否检查处女膜问题的批复》

安徽省人民检察院：

你院 1981 年 6 月 30 日皖检刑字〈81〉第 108 号函，"关于在办理强奸案件中可否检查处女膜问题的请示报告"收悉。

关于这个问题，1965 年 3 月 11 日最高人民法院、最高人民检察院、公安部"转发湖南省政法三机关关于不准检查处女膜的通知"中明确指出："今后，办理流氓强奸案件时，不准对被害人进行处女膜的检查，也不准用检查处女膜的结论作为证据。"1979 年 5 月 22 日中央卫生部转发湖南省劳动、卫生、高等教育局、湖南省妇女联合会"关于不准检查女青年处女膜的通知"中也明确指出："凡是有招工、招生、征兵、吸收国家干部或处理两性关系案件时，一律不准检查未婚女青年处女膜。"我们认为以上规定是正确的。办案的实践证明：处女膜的状况不能作为认定或否定强奸罪行的依据，检查的结果常常是弊多利少。因此，在办理强奸案件时，仍应按以上通知执行。

1981 年 7 月 27 日

图书在版编目（CIP）数据

性侵害犯罪公诉办案证据适用指南／胡志强主编．—北京：中国检察出版社，2015.3

ISBN 978 - 7 - 5102 - 1372 - 4

Ⅰ.①性…　Ⅱ.①胡…　Ⅲ.①性侵害 - 公诉 - 证据 - 中国 - 指南

Ⅳ.①D924. 34 - 62

中国版本图书馆 CIP 数据核字（2015）第 026310 号

性侵害犯罪公诉办案证据适用指南

主　编　胡志强

副主编　庄晓晶　张春宇

出版发行：中国检察出版社

社　　址：北京市石景山区香山南路 111 号（100144）

网　　址：中国检察出版社（www. zgjccbs. com）

编辑电话：(010)68658769

发行电话：(010)68650015　68650016　68650029

经　　销：新华书店

印　　刷：三河市西华印务有限公司

开　　本：720 mm×960 mm　16 开

印　　张：11. 25 印张　　插页 2

字　　数：207 千字

版　　次：2015 年 3 月第一版　　2015 年 3 月第一次印刷

书　　号：ISBN 978 - 7 - 5102 - 1372 - 4

定　　价：30. 00 元